现代跆拳道品势教程

主编　钟宏　窦正毅

副主编　胡彩云　王民强　刘礼飞

现代教育出版社
Modern Education Press

▶▶ 前　言

　　现今，跆拳道业已成为全世界最流行的武道之一。在中国，大大小小的跆拳道馆遍布于各个城市，参加练习的人数逾千万。

　　什么是"跆拳道"？在世界跆拳道总部韩国国技院官方网站上，跆拳道被定义为："跆拳道是利用手、脚修炼防御和攻击所需的技术，体验武艺动作的优美，锻炼身心，追求完美人格的韩国传统武艺运动项目。"在这个定义里，我们可以看到，跆拳道是一个有关拳、脚攻防的技术体系，其中，蕴含了美学，能促进人体身心健康，具有人格教育的价值意味。用心理学的角度来分析，跆拳道以其构建的身体攻防练习体系，来满足人们安全、审美、健康及自我实现的需要。这一现代感极强的定位，可以说是跆拳道风靡世界的基础。

　　跆拳道成为一个完善武道项目的时间并不久远，大约20世纪50年代才在朝鲜半岛形成了现代跆拳道体系。有传言说，现代跆拳道的

缔造者融合了朝鲜半岛本土武术、中国传统武术和空手道的相关技术，结合现代科学的理论基础创制了跆拳道。传闻难以考证，但是传统武术与现代科学理论的结合，是非常可取的。纵观历史，只有在实践及理论上不断与时俱进，才能保持某一武术项目的吸引力。

　　本书在传统跆拳道教学训练的基础上，运用力学原理、动作模式及运动链等新近运动训练理念对跆拳道品势相关技术动作进行解析，同时也向读者介绍最新的功能性动作筛查、身体功能性激活技术、人体运动链训练理论以及一般的功能训练器材等。

作者

2018 年 6 月

▶▶ 目　录

第一章

现代跆拳道训练理论

作为一门技击技术，跆拳道是以人体作为物质基础，适时、高效地产生打击力作用于目标，以达到自我防护的效果。而人体的"力"如何产生，并发挥出最大的效能，需要练习者明了其中的科学原理，并结合到训练中。

第一节　牛顿力学

一、牛顿第二定律

牛顿力学为人体运动的力学分析奠定了理论基础，牛顿第二定律被广泛应用于体育运动中。

在牛顿第二定律的表述中，力的大小与物体加速度的大小成正比，与物体的质量成反比。其计算公式为：

$F=m \cdot a$（$F=$ 力，$m=$ 质量，$a=$ 加速度）

对于跆拳道来说，可以把人体看作质量，而身体各部分（拳、脚

和躯干等）的运动形成加速度，进而得出跆拳道相关技术的打击力度大小。

二、牛顿第二定律与跆拳道训练

在训练中，练习者往往会忽略对动作的理性思考，虽然大家在中学的时候都学习过牛顿第二定律，但是无法将它和跆拳道修习联系起来。这一忽略，便略过了训练中非常重要的一环。

人体并非形状固定的物体，人的质量起始点是随着重心的变化而变化的。所谓重心，是指人体全部环节所受重力的合力的作用点。人体是由头颅、躯干、前臂、手、大腿、小腿、足等多个环节组成的，且左右对称，站立时，人体重心的位置一般在身体正中面上第三骶椎上缘前方 7 厘米处。

跆拳道作为一项技击武术，练习者须应对来自四面八方的攻击，这就要求练习者首先能够科学有效地移动身体，通过质量的控制达到对力的控制。这一专项特点，便规定了跆拳道动作发起前，人体的重心要处于"中正"位置。

以并排步准备姿势为例，双脚平行站立保持稳定，头往上顶，脖子以下往下"沉"，双膝微微弯曲，尤其是要刻意收腹收臀，使骨盆处于中立位，亦即尽量将脊柱拉直，想象人是一个圆柱体，此时人体重心大致就在腹部圆柱体的中心线位置。在这一姿态下，人无论是把重心移至水平面的哪个方向，效率都均等。

图1-1　并排步准备姿势

第二节　现代身体训练理论

一、身体功能训练

功能训练是一种注重身体基本姿态和人体动作模式，整合机体各项素质用于优化人体最基本的运动能力，例如对动作模式、脊柱力量、动力链、恢复与再生等环节进行系统性优化，达到提高专项运动能力

的一种训练理念和方法体系。

功能训练发端于 20 世纪康复和物理治疗领域，近年来被越来越多地应用到运动训练中，并被人所熟知。功能训练强调动作的根本性，认为训练针对的是动作而非仅仅是肌肉，动作程序与动作模式决定了动作质量。

二、人体运动链功能训练

人体运动科学认为，人体所有动作的完成都是在神经系统支配下，以肌肉为主动系统、筋膜 / 肌腱为被动系统、骨骼为杠杆、关节为枢纽的张力均衡传导过程。两个或两个以上可以独立活动的关节及与之相连的组织可以视作一个运动链系。人体可以看作是一个复杂的、个性化的和任务导向的功能系统，它由神经系统、骨骼肌肉、心血管系统等组合成一个功能综合体。肌肉链、关节链、神经链、内分泌链、能量链等多个子系统共同构成了功能上无法分割的人体运动链系统。

人体运动是运动链的多关节运动，牵一发而动全身，所有的动作都是通过人体环节之间相互作用来完成的。一般来讲，我们可以把运动链分为上肢链、核心链（躯干部分）、下肢链。在完成动作时，人体可以沿一条运动链（或身体的一部分）产生的能量或加速度连续地传导到下一条链。这种链式系统工作过程是由地面开始，通过腿的发力、躯干转动、上臂抬高、前臂伸展（上臂内旋和前臂旋内）、手的弯曲来实现的。

在进行功能训练时，可以用人体运动链模型，对相关动作进行模式分析，创制训练动作及训练计划。

三、跆拳道功能训练

因为有着康复及物理治疗的背景，身体功能训练注重运动损伤的预防，将其引入跆拳道训练会使广大跆拳道练习者受益。而且，运用人体运动链模型，可以有效地分析跆拳道各技术的动作模式，利用科学的功能训练手段，将大大提高训练效果。

例如马步冲拳的训练，传统的训练方式多是以做拳（俯）卧撑、马步空击出拳为主，正所谓"拳打千遍，其义自见"，通过艰苦的重复练习，达到优化的结果。而如果用现代科学理论分析：首先，冲拳时人体需要有足够的稳定性，以防止重心的偏移减弱冲拳的力量。所以要求练习者做马步时，需头部虚顶、躯干松沉、收腹收臀，骨盆处于中立位，尽量拉直脊柱，以保证重心位于腹部中心。其次，从功能训练的视角来看，马步时两膝弯曲方向需与脚尖方向一致，且弯曲程度不能超过趾尖，以减少膝关节损伤风险。再次，用运动链模型进行分析，冲拳由脚趾及脚掌蹬地开始，通过躯干转动、肩部放轻松带动手臂向前，最后在准备到达目标时，前臂迅速内旋前伸，以拳面击打出去。根据分析，马步冲拳可以用药球（实心球）胸前推的方式来进行辅助练习，这将在后续的章节里详细介绍。

图1-2　马步冲拳

第二章

功能动作筛查

一、功能动作筛查（FMS）概述

功能动作筛查（Functional Movement Screen，FMS）是 20 世纪 90 年代美国物理治疗专家 Gray Cook 和训练专家 Lee Burton 等人设计的一套身体动作功能评价方法，经过不断研究和推广，已成为广泛适用于各种人群的基本动作、动作模式中的运动神经控制、基础运动能力（灵活性和稳定性）等的评价。

FMS 简便易行，由 7 个动作构成，通过测试身体基本动作的稳定性、灵活性，身体的控制能力和平衡等方面的表现来发现受测者基本动作模式障碍或缺陷，进而分析受测者在运动过程中潜在的动作补偿问题，从而保证人体动力链系统的功能完善，降低运动损伤的发生概率。

跆拳道训练，应从身体的科学评估开始，以时下流行的一句话来说，就是"无评估不训练"。FMS 测试可以作为跆拳道练习者开始训练时，进行身体动作功能测评的有效工具。

二、FMS 测试

（一）深蹲动作模式

1. 测试目的

深蹲动作模式可以很好地展示受测者的肢体灵活性、姿势控制能力、骨盆和身体核心稳定性。正确完成深蹲动作，挑战了受测者发挥全身力学结构和对自身神经肌肉控制的能力。可用于评价髋、膝和踝关节的双侧均衡性和功能灵活性。通过观察举在头顶上的长杆，可以评价受测者肩和胸椎的双向对称灵活性。

2. 器材

FMS 筛查套件或轻质木杆、木板。

3. 动作要求

受测者两脚平行站立，与肩同宽，脚尖指向正前方；双手抓木杆于头顶上方，肘关节充分伸展。受测者缓慢下蹲至最低位，脚跟紧贴地面（若无法完成，脚后跟可踩在约 3cm 高的衬垫木板上进行），抬头挺胸，眼睛正视前方。

图2-1　深蹲

4. 评分

3分：躯干与胫骨平行或接近与地面垂直；大腿低于水平线；双膝与脚成一条直线；木杆在双脚正上方保持水平。

2分：受测者无法完全满足3分标准，但能完成动作，或在脚跟下垫测试木板能完成动作。

1分：躯干与胫骨不平行；大腿高于水平线；双膝与脚不成一条直线，手臂与地面形成夹角。

0分：测试中任何部位出现疼痛。

5. 动作模式分析

肩关节和胸部脊椎的灵活性不良会导致躯干上部的灵活性受限、

下肢灵活性受限，包括脚踝背屈的封闭运动链不良或膝关节、髋关节屈曲不良，这些都会造成受测者测试成绩不佳。

（二）跨栏架动作模式

1. 测试目的

跨栏架动作模式是身体位移和加速运动的组成部分，它可以为在基本动作模式中的身体左右侧功能提供快速评价。本测试可以评估受测者躯干、肩部、髋和踝关节的灵活性与稳定性，四头肌的柔韧性和膝关节的稳定性。

2. 器材

FMS 筛查套件或轻质木杆、木板。

3. 动作要求

受测者两脚平行站立，与肩同宽；双手握轻质木杆，置于颈后肩上。栏架置于受测者正前方，其两脚尖接触栏架底部，栏高与受测者小腿胫骨粗隆齐平。受测者单腿跨过栏高，用脚跟接触地面，同时保持脊柱处于正常位且支撑腿直立，然后收腿回到起始姿势。整个动作过程要缓慢，重复 3 次后换另一条腿进行测试。

图2-2　跨栏架

4.评分

3分：髋、膝、踝关节在矢状面上保持平齐；腰部没有明显晃动；木杆与栏架保持平行。

2分：髋、膝、踝关节在矢状面上没有保持平齐；腰部有晃动；木杆与栏架不平行。

1分：脚碰到栏杆；身体失去平衡。

0分：测试中任何部位出现疼痛。

5.动作模式分析

测试分数低，可能是由于受测者支撑腿的稳定性不良或跨栏腿的灵活性差。该动作模式中，一条腿保持髋关节伸展的同时，另一条腿髋关节做最大屈曲，这要求受测者有髋关节相对两侧不对称的灵活性和动态稳定性。

（三）直线分腿蹲动作模式

1. 测试目的

直线分腿蹲动作模式是各种减速和方向变化动作的组成部分，本测试可以检测受测者躯干、肩部、髋和踝关节的灵活性与稳定性，四头肌的柔韧性和膝关节的稳定性。

2. 器材

FMS 筛查套件或轻质木杆、木板。

3. 动作要求

通过测量地面至胫骨粗隆顶端中心的距离，确定受测者胫骨长度。受测者前后分腿站立在测试木板上，一只脚的脚尖置于测试木板的起始线上，根据胫骨长度确定受测者另一只脚的脚跟放在测试木板的标识线位置，双脚在同一条直线上。前脚的异侧手握木杆上端，置于颈曲位，同侧手握木杆下端，置于腰曲位。躯干保持正直，头、背、骶骨接触木杆。

受测者缓慢下蹲，后腿膝盖触及木板后慢慢恢复至起始姿势。测试过程中双脚必须处于同一直线，每边测试 3 次，比较单侧完成情况及两侧之间的差异。

图2-3　直线分腿蹲

4.评分

3分：头、背、骶骨不离开木杆；躯干无前倾；木杆与双脚处于同一矢状面；后腿膝盖能够接触到测试板。

2分：木杆不能完全与头、背、骶骨接触；躯干出现前倾；木杆与双脚未能处于同一矢状面；后腿膝盖不能触碰测试板。

1分：双手持杆不能置于规定位置；身体失去平衡。

0分：测试中任何部位出现疼痛。

5.动作模式分析

测试分数低，可能是由于受测者前腿或后腿的踝、膝和髋关节灵活性差，动态稳定性不足，胸部脊椎部位存在受限。

（四）肩部灵活性动作模式

1.测试目的

本测试可以评估受测者双侧肩的运动范围，以及交互模式下肩内

旋和外旋的协作。

2. 器材

FMS 筛查套件或轻质木杆、卷尺。

3. 动作要求

测量受测者远端腕横纹至中指指尖的距离，确定其手掌长度。受测者双手握拳（拇指置于拳心），一手从肩上、另一手从腰部在背部相向靠拢，一侧肩形成最大程度内收、伸展和内旋姿势，另一侧肩形成最大程度的外展和外旋姿势。测量受测者两拳之间的距离，每边测试3次。比较单侧完成情况及两侧之间的差异。

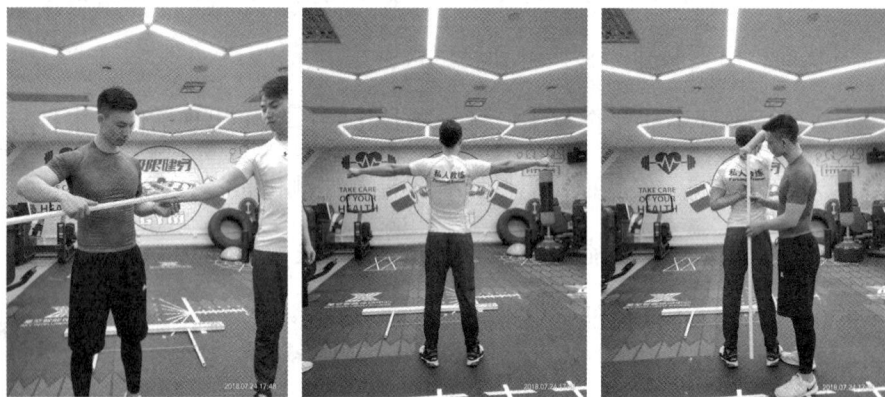

图2-4 肩部灵活性

4. 评分

3分：两拳间距在一个手掌以内。

2分：两拳间距在一个到一个半手掌长。

1分：间距超过一个半手掌长。

0分：测试中任何部位出现疼痛；排查测试时出现疼痛。

排查测试：手置于对侧肩上，保持手掌与肩接触，尽可能高抬肘部，重复做3次，然后换手臂。如果动作过程中有疼痛，记为阳性（+），并记录肩部灵活性测试为0分。

图2-5 肩部灵活性排查测试

5. 动作模式分析

测试分数低，可能是由于受测者牺牲内旋而增加外旋程度；过度发展和缩短胸小肌、背阔肌和腹直肌，导致姿势前倾或圆肩；肩胛胸部功能不良，导致肩关节灵活性降低。

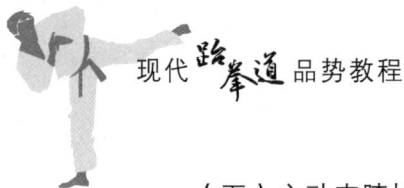

（五）主动直膝抬腿动作模式

1. 测试目的

主动直膝抬腿不仅可以识别受测者髋关节屈曲的主动灵活性，还可以判断动作模式中内核心的初始和持续稳定性以及另一侧髋关节的伸展性。本测试可检测在躯干保持稳定的情况下，受测者的屈伸髋幅度，了解其主动腿的腘绳肌与腓肠肌——比目鱼肌的柔韧性，以及对侧髋关节的伸展能力。

2. 器材

FMS 筛查套件或轻质木杆、木板、垫子。

3. 动作要求

受测者仰卧在垫子上，双臂置于体侧，掌心向上，双膝下放置测试木板，双脚背屈。受测者做直膝抬腿动作，动作过程中不能出现其他代偿动作（如异侧腿膝关节弯曲等）。用木杆测试主动腿踝关节投影点和异侧腿的位置关系（木杆在垂直位触及主动腿外侧踝关节），并据此判断得分。每侧腿进行 3 次测试，比较单侧完成情况及两侧之间的差异。

图2-6　主动直膝抬腿

4.评分

3分：主动腿抬到最高点时，木杆应位于另一侧腿髂前上棘和大腿中部之间；另一条腿膝关节始终贴于木板，没有代偿动作，脚趾保持向上。

2分：主动腿抬到最高点时，木杆位于异侧大腿中部和膝关节之间。

1分：主动腿抬到最高点时，木杆位于异侧腿膝关节以下。

0分：测试中任何部位出现疼痛。

5.动作模式分析

测试分数低，可能是由于受测者大腿后肌群柔韧性差；骨盆控制不足。

（六）躯干稳定性俯撑动作模式

1. 测试目的

人体在完成很多动作时都需要躯干保持稳定以均衡地将力量从上肢传至下肢，或从下肢传到上肢。如果躯干不能保持足够的稳定性，力量就在传递的过程中减弱，从而导致功能表现下降并使受伤的可能性大大提高。躯干稳定性俯撑动作模式测试受测者在上身对称的闭链运动时，稳定脊椎在同一矢状面的能力。

2. 器材

垫子。

3. 动作要求

受测者俯卧，掌心向下，双臂向头上方伸展，两腿伸直，足背屈。开始动作时，男性两拇指置于前额顶部；女性两拇指位于与下颌水平的位置。然后将身体以一个整体撑起，过程中脊柱不能出现摇摆。

图2-7　躯干稳定性俯撑

4. 评分

3 分：按标准完成动作。

2 分：男子双手处于下颌位置、女子双手处于锁骨位置，完成动作。

1 分：降低难度亦无法完成动作或出现代偿。

0 分：测试中任何部位出现疼痛；排查测试时出现疼痛。

排查测试：排查在上述测试后进行，受测者从俯卧位开始，上肢尽可能地撑起躯干，使脊柱充分伸展，髋和下肢保持与地面接触。如果动作过程中有疼痛，记为阳性（＋），并记录躯干稳定性俯撑测试为0分。

图2-8　躯干稳定性俯撑排查测试

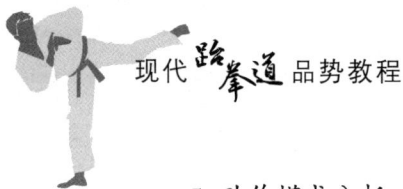

5. 动作模式分析

测试分数低，可能是由于受测者身体核心部位反射稳定性差；上肢力量或肩胛稳定性弱。

（七）旋转稳定性动作模式

1. 测试目的

旋转稳定性动作模式源于爬行动作模式，是通过上下肢配合的动作，观察受测者骨盆、身体核心、肩带稳定性。这一动作模式较复杂，需要适宜的神经肌肉协调性。它能展示人体在横向平面的反射稳定性和重心转移状态，并呈现基本攀爬动作模式中人体的灵活性和稳定性。

2. 器材

FMS 筛查套件或木板、垫子。

3. 动作要求

受测者呈跪姿俯撑动作，双手、双膝和双足支撑地面，躯干伸直，双肩和两髋与躯干成 90° 角；测试木板放置在双手和双膝之间，木板应和脊柱平行。动作开始前，受测者的双手拇指、双膝和双脚均要对称置于测试木板两边并触及木板边缘。然后同侧的手臂向前伸展，同侧腿向后伸展；接着，保持身体不触碰地面，将肘和膝盖拉回并相互触碰。每侧可重复测试 3 次，成功完成一次便停止同侧检测。

图2-9 旋转稳定性

4. 评分

3分：同侧肢体完成动作时，脊柱与木板保持平行。

2分：以异侧上下肢对角的形式正确完成动作。

1分：失去平衡或不能正确完成动作。

0分：测试中任何部位出现疼痛；排查测试时出现疼痛。

排查测试：排查在上述测试后进行，受测者从准备动作开始，足部由背屈变为跖屈，臀部向后缓慢移动并接近足跟，胸部逐渐接近大腿，手臂逐渐伸直置于体前。如果动作过程中有疼痛，记为阳性（＋），并记录躯干稳定性俯撑测试为0分。

图2-10　旋转稳定性排查测试

5. 动作模式分析

测试分数低，可能是由于受测者躯干和身体核心部位的反射稳定性差；肩胛或髋部稳定性差；膝关节、髋关节、脊柱和肩关节灵活性受限。

三、FMS 测试分数说明

测试结果是制订运动训练计划的出发点，FMS 评分分为四个等级，从 0 分到 3 分，3 分为最高分：

0 分：测试中任何部位出现疼痛或排查测试时出现疼痛。

1 分：受测者无法完成整个动作或无法保持起始姿态。

2分：受测者能够完成整个动作，但完成的质量不高。

3分：受测者能高质量地完成动作。

测试得分越低，说明受测者在某一功能动作上存在着较高的损伤风险，可采用相应的功能动作练习进行纠正。

表2—1　功能动作筛查评分表

姓名：		性别：		出生日期：
身高：		体重：		测试时间：
惯用手／腿：		先前测试评分：		
测试		原始评分	最终评分	备注
深蹲				
跨栏架	左			
	右			
直线分腿蹲	左			
	右			
肩部灵活性	左			
	右			
主动直膝抬腿	左			
	右			
躯干稳定性俯撑				
旋转稳定性	左			
	右			
总分				

第三章

身体准备

一、练习前的身体准备

在练习跆拳道之前，大家都会做热身活动。传统的热身运动多由关节操、5 分钟左右慢跑加上专项的拉伸组成，目的是提高肌肉温度和体温，减少肌肉黏滞性；提高神经系统的兴奋性，提升运动效果；改善关节活动度等。

从功能训练的理念来看，运动前的准备却有着更深一层的含义。功能训练热身的基本原则是使练习所参与的肌肉完成的动作模式和后续练习的动作模式一致，所以一般称之为身体准备。正式练习前的身体准备要完成的功能包括：建立、强化正确的动作模式；提高体温；有效拉伸肌肉；唤醒、激活肌肉中的本体感受器；唤醒、激活神经系统等。下面就给大家介绍几个常见的身体准备动作。

二、动作准备

（一）起始站姿

图3-1 起始站姿

动作要点：双脚平行站立，与肩同宽，两腿伸直，抬头挺胸，目视前方，下颌微收，双臂自然垂于体侧。

（二）抱膝

图3-2 抱膝

动作要点：以起始站姿开始，右膝抬起至胸前，双手抱右膝尽量靠近胸部，同时收紧左臀，背部挺直，保持拉伸动作 2～3 秒。完成后换异侧练习，重复交替完成规定次数。

（三）斜抱腿

图3-3　斜抱腿

动作要点：以起始站姿开始，右手抬膝，左手抱脚踝缓慢用力上抬，同时收紧左臀，胸部挺直，保持拉伸动作2～3秒。完成后换异侧练习，重复交替完成规定次数。

（四）脚后跟抵臀

图3-4　脚后跟抵臀

　　动作要点：以起始站姿开始，右腿屈膝向后，右手抓右脚踝，脚后跟抵臀，用力拉伸右腿股四头肌，保持2~3秒。完成后换异侧练习，重复交替完成规定次数。

（五）弓步转体

图3-5　弓步转体

动作要点：以起始站姿开始，右脚向前成弓步，左臂伸直以手接触右侧踝，右臂外展，躯干右旋，尽量使两臂成一条直线，保持拉伸动作2～3秒。完成后换异侧练习，重复交替完成规定次数。

（六）三面弓步

图3-6　三面弓步

动作要点：以起始站姿开始，右脚分别向前、右、后方迈出成弓步，每个动作保持 2 ~ 3 秒。完成后换异侧练习，重复交替完成规定次数。

（七）上肢走

图3-7 上肢走

动作要点：以起始站姿开始，屈髋弯腰，双手撑地，两腿伸直；然后双手向前方爬行至两臂与地面垂直后原路返回，双腿保持伸直状态，重复完成规定次数。

（八）跳蹲

图3-8　跳蹲

动作要点：双脚平行站立，略比肩宽，俯身屈髋屈膝呈半蹲姿势，保持背部平直，腹部收紧，大腿与躯干约成90°，膝盖不超过趾尖；双臂迅速摆动，身体向上跳起，落地后还原至开始时的稳定姿态，重复完成规定次数。

（九）开合跳

图3-9　开合跳

　　动作要点：双脚平行站立，略比肩宽，双臂侧平举，掌心朝下；身体跳起，双手双脚迅速交叉于体前（左手左脚在前），身体同时落地站直，随后跳起还原至动作前的准备姿势；完成后换异侧手脚在前进行练习，重复交替完成规定次数。

第四章

基本技术

跆拳道的基本技术是规范练习者动作模式、熟练跆拳道发力技能的重要环节，是跆拳道基本技术日臻完美的体现。长久以来，对跆拳道基本技术的学习常以教练的言传身授、学员的刻苦练习的方式进行。教练用自身的经验来解说动作的路径和发力的技巧，通过示范与纠正进行指导，学员要做的就是不断地模仿练习。

然而，没有坚实的理论支撑，会使动作原理不明晰，导致练习出现偏差。常言道"学拳容易改拳难"，刻苦训练固然重要，但是一味重复练习偏误的动作，往往固化的是错误的动作模式，要转变回归正确就得花大力气了。下面，我们根据第一章介绍过的理论，来具体解析与跆拳道品势相关的基本技术。

一、步型

（一）并排步

图4-1 并排步

　　双脚以一脚长的间距平行站立，脚趾抓地保持稳定，头往上顶、下颌微收，脖子以下往下"沉"，双膝微微弯曲，尤其是要刻意收腹收臀，使骨盆处于中立位，亦即尽量将脊柱拉直，想象人是一个圆柱体，此时人体重心大致就在腹部圆柱体的中心线位置。在这一姿态下，人无论是把重心移至水平面的哪个方向，效率都均等。

对于跆拳道所有的起始姿势而言，将身体重心保持在腹部中心的位置非常重要。在这一起始条件下，人能够很方便地控制重心，根据需要快速地将自身的质量移至目标位置。依据牛顿第二定律，练习者掌握了控制质量（m）的技巧，对发力效果有直接的影响。

在所有的基本动作中，头和躯干部位的要求均与上述并排步的一致，练习者头往上顶、下颌微收，脖子以下往下"沉"，收腹收臀，尽量将脊柱拉直，使骨盆处于中立位。双膝弯曲，是使骨盆处于中立位的前提条件，也方便人体快速移动。

（二）走步

图4-2 走步

双脚以一脚长的间距前后站立，两脚跟间隔约 1 拳距离，脚趾抓地保持稳定，前脚脚尖指向正前方，后脚脚尖与正前方成 30° 夹角，身体自然面向前方。

（三）马步

图4-3 马步

双脚间隔 2 脚长的距离平行站立，脚趾抓地保持稳定，两膝沿脚尖方向弯曲至与脚尖成一条直线并和地面垂直，身体中正自然。

（四）并步

图4-4　并步

双脚齐平并拢自然站立，脚趾抓地保持稳定。

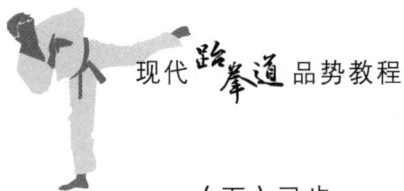

（五）弓步

图4-5　弓步

　　双脚以两脚尖间隔 3 个半脚长的距离前后站立，两脚跟间隔约 1 拳距离，脚趾抓地保持稳定，前脚脚尖指向正前方，后脚脚尖与正前方成 30° 夹角；上身中正，后脚绷直，前脚膝关节弯曲，视线下看时，膝盖与前脚脚尖在一条直线上。

（六）三七步

图4-6　三七步

双脚以两脚跟间隔 2 脚长的距离前后站立，前脚脚尖指向正前方，后脚外旋 90°，两脚延长线呈直角相切，双膝沿脚尖方向弯曲，后脚膝关节与脚尖成一条直线且与地面垂直，侧面观，肩、髋、膝、踝在一条直线上；前脚膝关节自然弯曲，上身中正自然。

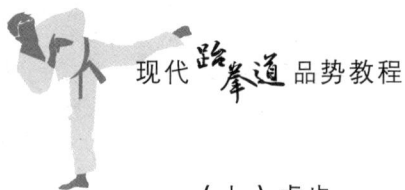
（七）虎步

图4-7　虎步

　　双脚前后站立，前脚脚尖指向正前方，后脚脚尖与正前方成30°夹角，两脚相邻延长线相切，身体重心置于后脚；双膝沿脚尖方向弯曲，后脚膝关节与脚尖成一条直线且与地面垂直，前脚掌轻轻点地，膝关节自然弯曲，上身中正自然。

（八）前、后交叉步

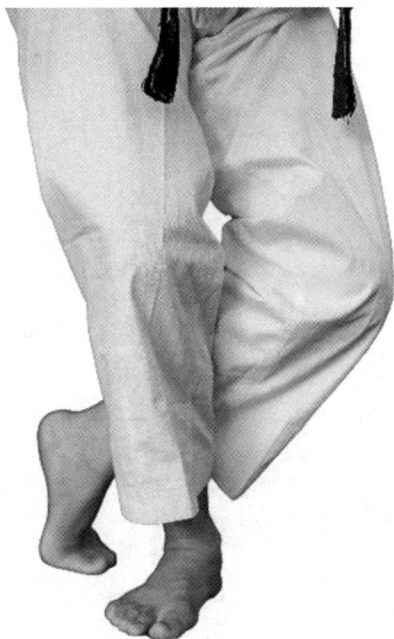

图4-8　前、后交叉步

双脚间隔约 1 拳，完成时，前脚踩实、后脚前脚掌点地，双脚在小腿处呈"X"形交叉，双膝沿脚尖方向弯曲，上身中正自然。

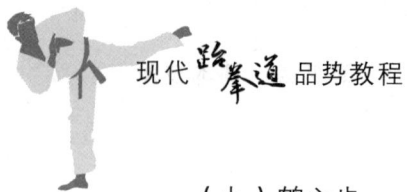

（九）鹤立步

图4-9　鹤立步

支撑脚脚尖指向正前方，膝关节沿脚尖方向弯曲至与脚尖成一条直线并和地面垂直；辅助脚踝关节内侧紧贴支撑腿膝关节内侧，身体中正自然。

二、格挡

（一）下格挡

图4-10　下格挡

起始动作：

1.辅助的手臂伸直与胸口同高，拳心向下；

2.格挡的手臂放松，弯曲放在辅助手臂一侧的肩部，拳心向脸部；

3.双臂的腕关节伸直。

规定动作：

1.动作完成后，格挡的手臂与同侧大腿相距双立拳或一立拳距离；

2.格挡手臂在大腿的正前方，拳心向大腿，腕关节伸直；

3. 辅助手臂放松夹紧，肘关节向后；

4. 肩与正前方自然形成 30°；

5. 动作完成后格档的手臂在大腿的正前方；

6. 根据运动链的发力顺序，动作首先启动的是后脚蹬地，接着顺势转髋，躯干随腰一同转动，最后爆发式转体带动格挡手完成动作，并且步法与格挡动作同时结束。

错误事项：

1. 格挡手臂的起点没有从肩部开始或拳心向下；

2. 格挡时辅助手臂没有伸直或手臂过高；

3. 动作完成后，格档手臂在大腿的左侧或右侧。

（二）中内格挡

图4-11 中内格挡

起始动作：

1.格挡手，拳心向外，肘关节放松向下；拳高度的范围是肩部或耳根；

2.辅助手伸直，拳心向下与胸口同高。

规定动作：

1.格挡的拳要到人体的中心线；

2.格挡动作完成后，拳与肩部同高；

3.格挡动作完成后，手臂的角度是90°～120°；

4.辅助手拳心向上收于腰间（髋骨上沿），肘关节向后夹紧；

5.动作首先启动的是同侧脚蹬地，接着顺势转髋，躯干随腰一同转动，主动手向目标直线运动，准备到达目标时，最后爆发式转体带动格挡手完成动作。

错误事项：

1.格挡拳没在人体的中心线；

2.格挡拳高度未在肩部；

3.格挡手肘关节向外抬起。

（三）上格挡

图4-12　上格挡

起始动作：

1.格挡手，拳心向上置于对侧髋关节处；

2.辅助手弯曲，拳眼贴于对侧肩部。

规定动作：

1.格挡手腕要到人体的中心线；

2.格挡动作完成后，手腕与额头距离一立拳；

3.辅助手拳心向上收于腰间（髋骨上沿），肘关节向后夹紧；

4.动作首先启动的是对侧脚蹬地，接着顺势转髋，躯干随腰一同转动，主动手向目标直线运动，准备到达目标时，最后爆发式转体带动格挡手完成动作。

错误事项:

1.格挡手腕没在人体的中心线;

2.动作完成后,格挡手臂抬肘过高。

(四)中外格挡

图4-13 中外格挡

起始动作:

1.格挡手弯曲,拳心向上置于对侧髋关节处;

2.辅助手弯曲,拳眼贴于对侧肩部。

规定动作:

1.格挡手的拳背朝向身体,拳高与肩膀齐平;

2.格挡动作完成后，手臂的角度是 90°～120°；

3.辅助手拳心向上收于腰间（髋骨上沿），肘关节向后夹紧；

4.动作首先启动的是对侧脚蹬地，接着顺势转髋，躯干随腰一同转动，主动手向目标直线运动，准备到达目标时，最后爆发式转体带动格挡手完成动作。

错误事项：

1.格挡拳高度未在肩部；

2.动作过大或过小。

（五）手刀中格挡

图4-14　手刀中格挡

起始动作：

1. 格挡手弯曲，掌心向上置于对侧髋关节处；

2. 辅助手弯曲 120° 外展，指尖与肩部同高，掌心朝外，手腕伸直。

规定动作：

1. 格挡手掌心朝前，手腕伸直；

2. 格挡动作完成后，手臂的角度是 90°~120°，指尖与肩部同高；

3. 辅助手掌心向上与心窝同高，距离身体一立掌；

4. 动作首先启动的是对侧脚蹬地，接着顺势转髋，躯干随腰一同转动，格挡手到达对侧肩部高度时，双手向目标直线运动，准备到达目标时，最后爆发式转体带动格挡手完成动作（辅助手有推送主动手的意识）。

错误事项：

1. 格挡手腕关节弯曲；

2. 辅助手过高或过低；

3. 格挡手或辅助手肘关节向外抬起。

（六）单手刀中外格挡

图4-15　单手刀中外格挡

起始动作：

1. 格挡手弯曲，掌心向上置于对侧髋关节处；

2. 辅助手弯曲，拳眼贴于对侧肩部。

规定动作：

1. 格挡手的手背朝向身体，指尖与肩膀齐平；

2. 格挡动作完成后，手臂的角度是 90°～120°；

3. 辅助手拳心向上收于腰间（髋骨上沿），肘关节向后夹紧；

4. 动作首先启动的是对侧脚蹬地，接着顺势转髋，躯干随腰一同

转动，主动手向目标直线运动，准备到达目标时，最后爆发式转体带

动格挡手完成动作。

错误事项：

1. 格挡手指尖高度未在肩部；

2. 格挡手腕关节弯曲；

3. 格挡手肘关节向外抬起。

（七）燕子手刀

图4-16 燕子手刀

起始动作：

1. 格挡手弯曲，掌心向上置于对侧髋关节处；

2. 进攻手弯曲120°外展，指尖与肩部同高，掌心朝外，手腕伸直。

规定动作:

1. 格挡手与额头间隔一立拳, 手腕伸直;

2. 进攻手刀与颈部同高, 向前砍出。

错误事项:

1. 格挡手腕关节弯曲;

2. 格挡手与额头间隔过远或过近;

3. 进攻手刀不在颈部高度。

（八）剪刀格挡

图4-17　剪刀格挡

起始动作:

1. 一侧格挡手, 拳心向里置于对侧髋关节处;

2.另一侧手弯曲，拳轮贴于其对侧肩部，拳心向脸。

规定动作：

1.完成后，中外格挡的拳与肩部齐平；

2.下格挡手在大腿正前方，拳与大腿距离一立掌；

3.双臂与肩同宽。

错误事项：

1.格挡完成后，两臂位置不准确；

2.格挡时，中外格挡及下格挡先后顺序错误。

（九）单手刀斜上格挡

图4-18 单手刀斜上格挡

起始动作：

1. 格挡手弯曲，掌心向上置于对侧髋关节处；

2. 辅助手弯曲，拳眼贴于对侧肩部。

规定动作：

1. 格挡手的手腕伸直，手刀高度在人中；

2. 格挡动作完成后，手臂与肩膀的角度呈 45°；

3. 辅助手拳心向上收于腰间（髋骨上沿），肘关节向后夹紧；

4. 动作首先启动的是对侧脚蹬地，接着顺势转髋，躯干随腰一同转动，主动手向目标直线运动，准备到达目标时，最后爆发式转体带动格挡手完成动作。

错误事项：

1. 格挡手肘关节伸直；

2. 格挡手腕关节弯曲；

3. 格挡手肘关节向外抬起。

（十）山形格挡

图4-19　山形格挡

起始动作：

1. 两拳分别置于对侧髋关节处，成"X"状；

2. 拳心向下，肘关节微屈。

规定动作：

1. 格挡时，双手交叉经过面部；

2. 完成后，两手腕与耳同高，拳心朝内；

3. 肘关节放松下垂。

错误事项：

1. 格挡时不经过面部；

2. 两手腕位置过高或过低。

三、击

（一）正拳击

图4-20　正拳击

规定动作：

1. 以攻击方法分类：直拳攻击，反拳攻击，立拳攻击；

2. 以攻击目标分类：上（人中部位）、中（胸口剑突）、下（下腹部）段攻击；

3. 以方向分类：侧拳、锤拳、旋转拳、勾拳。

错误事项：

1. 腕关节弯曲；

2. 利用反作用力出拳，动作幅度过大或过少。

（二）直拳侧击

图4-21　直拳侧击

规定动作：

1. 攻击的部位是胸口；

2. 攻击的路线是从髋关节到心胸旋转攻击；

3. 动作完成后侧击的高度与胸口同高。

错误事项：

1. 腕关节或肘关节弯曲；

2.肘关节抬起后再击拳。

（三）双仰拳前击

图4-22　双仰拳前击

规定动作：

1.双拳从双髋关节处开始，拳心向下；

2.动作路线是斜上旋转攻击。

错误事项：

1.起点时拳心向上；

2.向下或水平击打。

（四）贯指刺击

图4-23　贯指刺击

规定动作：

1.攻击的部位是胸口；

2.腕部伸直，手掌立起，五指并拢；

3.身体中正，辅助的手背放在进攻手臂的肘关节处，掌心向下；

4.攻击手与辅助手同时同步完成动作。

错误事项：

1.动作完成后高度不准确；

2.身体重心向前倾斜；

3.腕部或手掌向下或向上；

4. 双手不是同时同步完成动作。

（五）背拳前击

图4-24　背拳前击

规定动作：

1. 从髋关节开始，拳心向下；

2. 经过下颌，高度是人中，腕部伸直，拳背向前击出；

3. 攻击手贴于身体。

错误事项：

1. 动作从胸口开始；

2. 高度不准确；

3. 攻击手不是贴近身体。

（六）背拳侧击

图4-25　背拳侧击

规定动作：

1. 从肩部开始，拳心向内；

2. 攻击路线是直线攻击；

3. 背拳由内向外，攻击下巴侧面或太阳穴。

错误事项：

1. 动作从胸口开始；

2. 背拳从辅助手外侧击出；

3. 背拳击出时，肘关节上下移动。

（七）下锤拳

图4-26　下锤拳

规定动作：

1.从髋关节开始，拳心向下；

2.攻击的拳经过前额；

3.以拳轮攻击目标。

错误事项：

1.动作从胸口开始；

2.高度不准确；

3.锤拳从侧面击出。

（八）肘横击

图4-27 肘横击

规定动作：

1. 肘关节弯曲，拳背向上置于胸前；

2. 肘尖略高于肩膀；

3. 以腰部爆发式旋转带动手臂完成动作。

错误事项：

1. 动作从胸口开始；

2. 高度不准确。

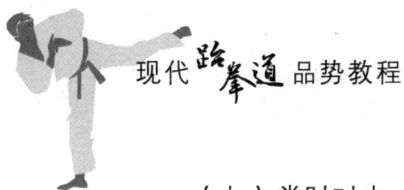

（九）掌肘对击

图4-28　掌肘对击

规定动作：

1. 攻击手臂的拳从髋关节开始；

2. 辅助手臂轻握拳放松伸直；

3. 攻击路线为横向击打，攻击肘至目标时，辅助手同时张开拍击于掌心，手指伸直。

错误事项：

1. 动作从胸口开始；

2. 辅助手的拳过早张开，拍击后手指没有伸直。

四、踢

（一）前踢

图4-29 前踢

规定动作：

1. 在标准的准备动作下，后腿的小腿放松夹紧，膝关节向正前方提起至胸腹间；

2. 绷直脚背，勾起脚趾，直线以前脚掌踢击；

3. 前踢时，双拳抬起放在胸口，身体中正，支撑腿伸直；

4. 前踢腿法完成后迅速收小腿，保持膝关节高度后再迅速收腿。

错误事项：

1. 踢腿像抬腿；

2. 踢腿时脚尖没有勾起；

3. 踢腿后不收回小腿而是直接落地。

（二）横踢

图4-30　横踢

规定动作：

1. 在标准的准备动作下，后腿的小腿放松夹紧，膝关节向正前方提起至胸腹间；

2. 踢腿时小腿向正前方成 45° 角；

3. 踢腿时，双拳抬起放在胸口，身体中正，支撑腿伸直；

4.踢腿的高度为头部，视线从攻击腿侧肩部向上望，以前脚掌或脚背踢击。

错误事项：

1.踢腿像抬腿；

2.踢腿后不收回小腿而是直接落地。

（三）侧踢

图4-31 侧踢

规定动作：

1.在标准的准备动作下，后腿的小腿放松夹紧，提膝到胸腹高度，脚跟对准目标；

2.身体中正，支撑腿伸直；

3.踢腿时脚后跟、髋关节、肩部和头部在同一平面上；

4.侧踢腿法完成后迅速收腿，回到原位。

错误事项：

1.踢腿像推踢；

2.踢腿时踝关节伸直或仅轻微弯曲；

3.踢腿后不收回，大腿直接向下落地。

第五章

品势修炼

跆拳道品势是将各种攻防动作按照一定规律组合在一起的固定套路，它既包含了最基本的技术动作，更蕴含着变化无穷的技击技巧。

　　品势讲究的是动作、心理、气势、精神，以及对实战每招每式更深入的揣摩和意义的升华，最终领悟的是肉体、精神与天地万物相融的最高境界。

一、太极一章

　　本章的含义是八卦中的"乾"，"乾"象征着宇宙万物根源。换言之，太极一章可视为跆拳道招式的根源。在构成上以简单的步型和行进为主，所使用的技法由中段冲拳、下格挡、中格挡、上格挡以及前踢组成。

　　首先以基本准备姿势站立——左脚向左平移一脚长的同时，两臂伸直斜向下约15°，双拳变掌，掌心相对，间隔约一掌距离。接着，沿身体中线沉肩屈肘向上提起双掌，此时两指尖相对，手臂距身体约一立拳，直至剑突（胸口）高度。过程需匀速4秒，配合吸气，有头部向正上方虚顶意识。随后，向下沉肩开肘，双掌顺势握拳，保持两拳自然相对，间隔一横拳，距身体一立拳，直至肚脐眼下约 3 厘米处，收腹收臀，膝关节微微弯曲。向下亦需匀速 4 秒，有保持头部不动、下颌微收、整个脊柱下沉的意识。

1. 右脚蹬地，带动身体左转，顺势完成左脚向左转 90°成走步，左手下格挡，右拳拳心向上收至同侧腰部。

2. 右脚向前，完成走步右手中路冲拳动作。

3. 以左脚掌为轴，身体向后转 180°，完成走步右手下格挡。

太极一章 品势准备

太极一章 动作01

太极一章 动作02

太极一章 动作03

图5-1 太极一章1

4.左脚向前，完成走步左手中路冲拳。

5.右脚蹬地，带动身体左转，顺势完成左脚向左转 90°成弓步，左手下格挡，右拳拳心向上收至同侧腰部。

6.步法不变，右手中路冲拳。

7.左脚支撑，身体右转 90°，顺势完成右走步，左手中格挡，右拳拳心向上收至同侧腰部。

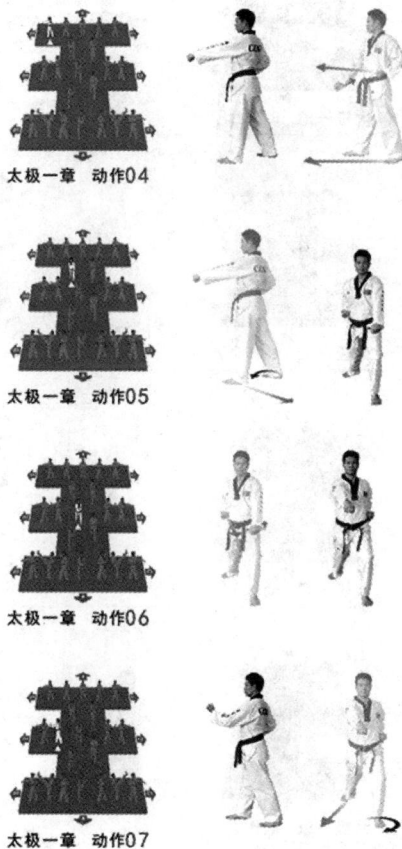

太极一章　动作04

太极一章　动作05

太极一章　动作06

太极一章　动作07

图5-2　太极一章2

8. 左脚向前，完成走步右手中路冲拳。

9. 以右脚掌为轴，身体向后转 180°，完成左走步右手中格挡。

10. 右脚向前，完成走步左手中路冲拳。

11. 左脚蹬地，带动身体右转，顺势完成右脚向右转 90° 成弓步，右手下格挡，左拳拳心向上收至同侧腰部。

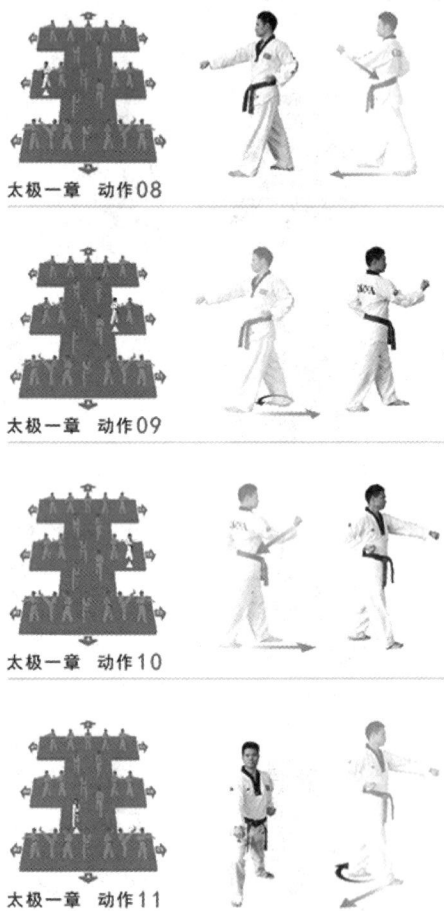

太极一章 动作08

太极一章 动作09

太极一章 动作10

太极一章 动作11

图5-3 太极一章3

12. 步法不变，左手中路冲拳。

13. 右脚支撑，身体左转 90°，顺势完成左走步，左手上格挡，右拳拳心向上收至同侧腰部。

14. 左脚支撑，右脚前踢，同时两拳置于胸腹前；右脚收小腿，顺势下落成右走步，完成右手中路冲拳。

15. 以左脚掌为轴，身体向后转 180°，完成右走步右手上格挡。

16. 右脚支撑，左脚前踢，同时两拳置于胸腹前；左脚收小腿，顺势下落成左走步，完成左手中路冲拳。

17. 右脚蹬地，带动身体右转，顺势完成左脚向右转 90° 成弓步，左手下格挡，右拳拳心向上收至同侧腰部。

18. 左脚蹬地，右脚向前，完成弓步右手中路冲拳动作并发声。

以右脚掌为轴，身体向后转 180°，收左脚还原至基本准备姿势。

太极一章 动作12

太极一章 动作16

太极一章 动作13

太极一章 动作17

侧视图

太极一章 动作14

太极一章 动作18

侧视图

太极一章 动作15

太极一章 返回原点

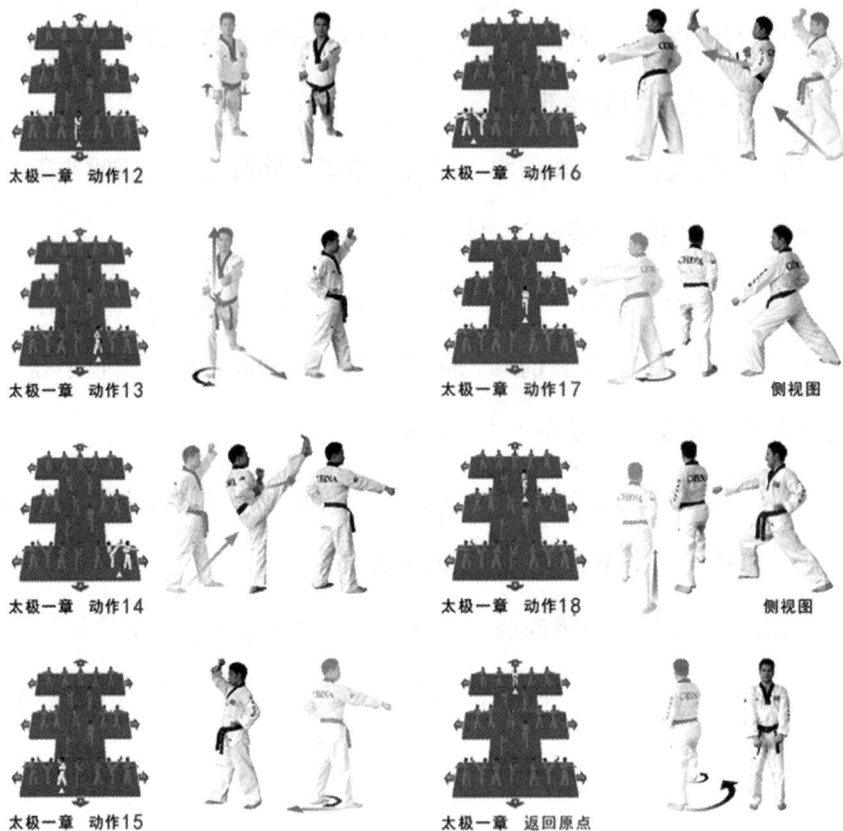

图5-4　太极一章4

二、太极二章

本章的含义是八卦中的"兑"，"兑"具有内柔外刚之意。因此，太极二章的动作虽看似柔软，却可随时发动强烈攻击。太极二章在要求熟练掌握太极一章的基础上，增加了锻炼身体协调性的目标，尤其要做到重心移动自然灵活。

　　首先以基本准备姿势站立——左脚向左平移一脚长的同时，两臂伸直斜向下约 15°，双拳变掌，掌心相对，间隔约一掌距离。接着，沿身体中线沉肩屈肘向上提起双掌，此时两指尖相对，手臂距身体约一立拳，直至剑突（胸口）高度。过程需匀速 4 秒，配合吸气，有头部向正上方虚顶意识。随后，向下沉肩开肘，双掌顺势握拳，保持两拳自然相对，间隔一横拳，距身体一立拳，直至肚脐眼下约 3 厘米处，收腹收臀，膝关节微微弯曲。向下亦需匀速 4 秒，有保持头部不动、下颌微收、整个脊柱下沉的意识。

　　1. 右脚蹬地，带动身体左转，顺势完成左脚向左转 90° 成走步，左手下格挡，右拳拳心向上收至同侧腰部。

　　2. 右脚向前，完成弓步右手中路冲拳动作。

　　3. 以左脚掌为轴，身体向后转 180°，完成走步右手下格挡。

太极二章　品势准备

太极二章　动作01

太极二章　动作02

太极二章　动作03

图5-5　太极二章1

4. 左脚向前，完成弓步左手中路冲拳。

5. 右脚蹬地，带动身体左转，顺势完成左脚向左转90°成走步，右手中格挡，左拳拳心向上收至同侧腰部。

6. 右脚向前，完成走步左手中格挡。

7. 右脚支撑，身体左转90°，顺势完成左走步，左手下格挡，右拳拳心向上收至同侧腰部。

8.左脚支撑，右脚前踢，同时两拳置于胸腹前；右脚收小腿，顺势下落成右弓步，完成右手上路冲拳（人中高度）。

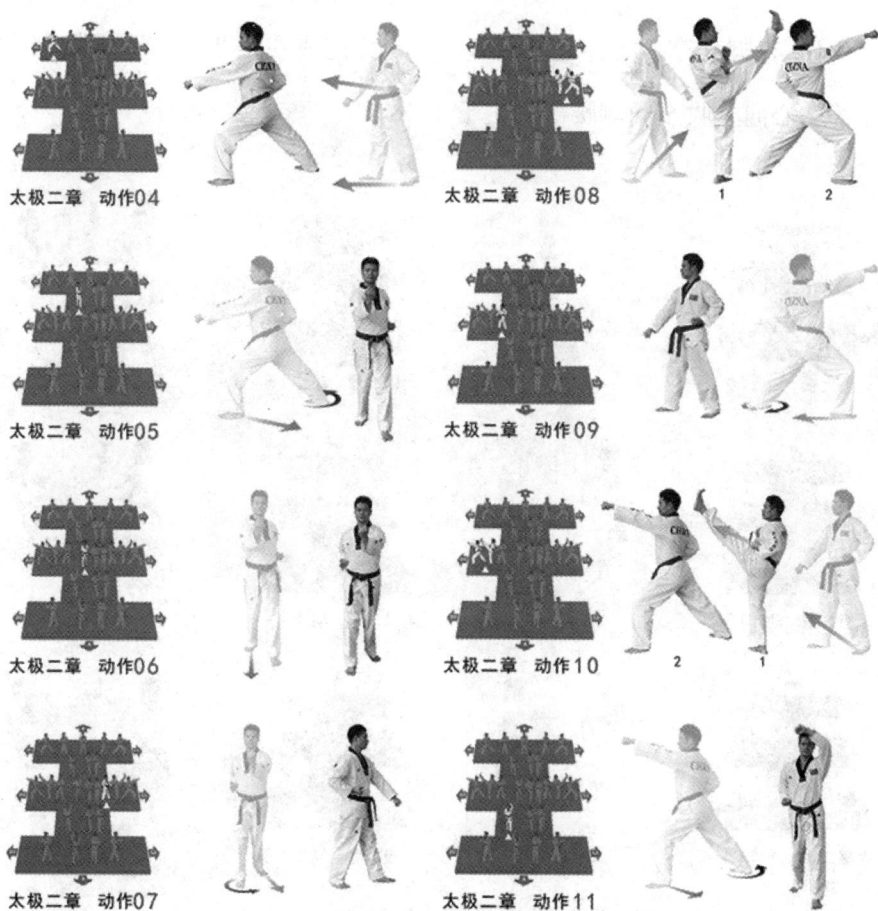

太极二章 动作04

太极二章 动作08

1　　　　2

太极二章 动作05

太极二章 动作09

太极二章 动作06

太极二章 动作10

2　　　　1

太极二章 动作07

太极二章 动作11

图5-6　太极二章2

9.以左脚掌为轴，身体向后转180°，完成右走步右手下格挡。

10.右脚支撑，左脚前踢，同时两拳置于胸腹前；左脚收小腿，顺势下落成左弓步，完成左手上路冲拳（人中高度）。

11. 右脚支撑，身体左转 90°，顺势完成左走步，左手上格挡，右拳拳心向上收至同侧腰部。

12. 右脚向前，完成走步右手上格挡。

13. 右脚支撑，身体左转 270°，顺势完成左走步，右手中格挡，左拳拳心向上收至同侧腰部。

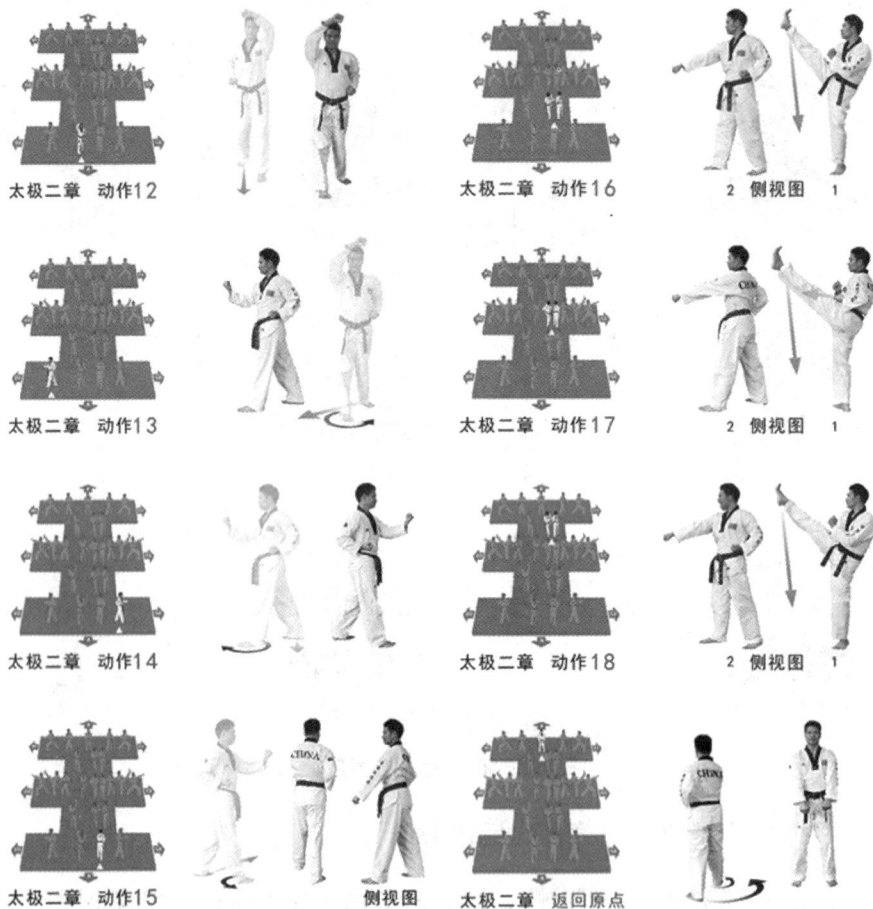

太极二章 动作12

太极二章 动作13

太极二章 动作14

太极二章 动作15

太极二章 动作16

2 侧视图 1

太极二章 动作17

2 侧视图 1

太极二章 动作18

2 侧视图 1

侧视图

太极二章 返回原点

图5-7 太极二章3

14. 左脚支撑，身体向后转180°，右脚后移顺势完成右走步，左手中格挡。

15. 以右脚掌为轴，身体向左转90°，完成左走步左手下格挡。

16. 左脚支撑，右脚前踢，同时两拳置于胸腹前；右脚收小腿，顺势下落成右走步，完成右手中路冲拳。

17. 右脚支撑，左脚前踢，同时两拳置于胸腹前；左脚收小腿，顺势下落成左走步，完成左手中路冲拳。

18. 左脚支撑，右脚前踢，同时两拳置于胸腹前；右脚收小腿，顺势下落成右走步，完成右手中路冲拳并发声。

以右脚掌为轴，身体向后转180°，收左脚还原至基本准备姿势。

三、太极三章

本章的含义是八卦中的"离"，"离"有热情而光明如火之意。因此，太极三章的动作充满活力。

首先以基本准备姿势站立。

1. 右脚蹬地，带动身体左转，顺势完成左脚向左转90°成走步，左手下格挡，右拳拳心向上收至同侧腰部。

2. 左脚支撑，右脚前踢，同时两拳置于胸腹前；右脚收小腿，顺势下落成右弓步，迅速完成右、左手交替中路冲拳。

3. 以左脚掌为轴，身体向后转180°，完成走步右手下格挡。

4. 右脚支撑，左脚前踢，同时两拳置于胸腹前；左脚收小腿，顺

势下落成左弓步，迅速完成左、右手交替中路冲拳。

5. 右脚支撑，身体左转，完成左脚向左转 90°成走步，右手顺势完成单手刀颈部攻击动作，左拳拳心向上收至同侧腰部。

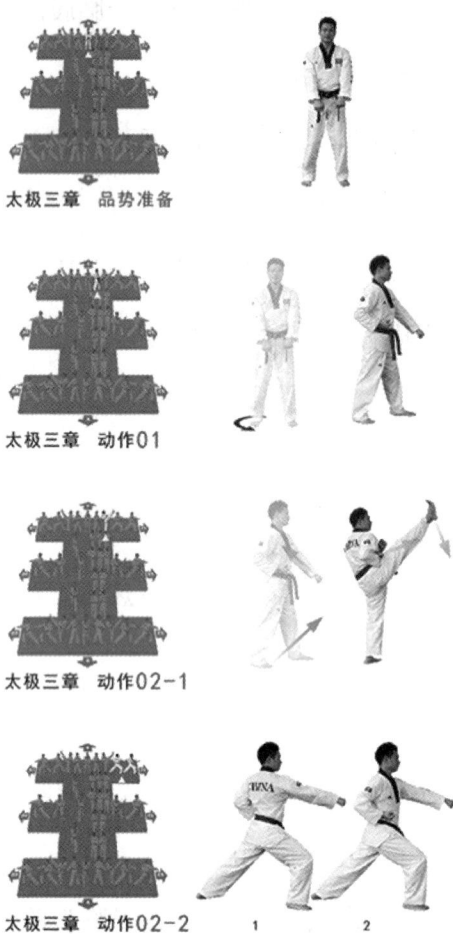

太极三章 品势准备

太极三章 动作01

太极三章 动作02-1

太极三章 动作02-2　1　2

图5-8　太极三章1

6. 右脚向前，完成走步左单手刀颈部攻击。

7. 右脚支撑，身体左转 90°，顺势完成左三七步，左单手刀中格挡，右拳拳心向上收至同侧腰部。

太极三章　动作03

太极三章　动作06

太极三章　动作04-1

太极三章　动作07

太极三章　动作04-2

太极三章　动作08

太极三章　动作05

太极三章　动作09

图5-9　太极三章2

8. 右脚掌蹬地，左脚向前成弓步，同时右手完成中路冲拳。

9. 以左脚掌为轴，身体向后转180°，完成右三七步，右单手刀中格挡，左拳拳心向上收至同侧腰部。

10. 左脚掌蹬地，右脚向前成弓步，同时左手完成中路冲拳。

11. 右脚支撑，身体左转90°，顺势完成左走步，右手中格挡，左拳拳心向上收至同侧腰部。

12. 右脚向前，完成走步左手中格挡。

13. 右脚支撑，身体左转 270°，顺势完成左走步，左手下格挡，右拳拳心向上收至同侧腰部。

14. 左脚支撑，右脚前踢，同时两拳置于胸腹前；右脚收小腿，顺势下落成右弓步，迅速完成右、左手交替中路冲拳。

太极三章 动作10　　太极三章 动作14-1

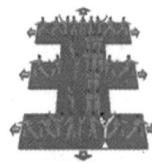

太极三章 动作11　　太极三章 动作14-2

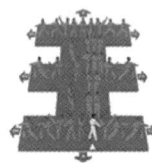

太极三章 动作12　　太极三章 动作15

太极三章 动作13　　太极三章 动作16-1

图5-10　太极三章3

15. 以左脚掌为轴，身体向后转 180°，完成右走步右手下格挡。

16. 右脚支撑，左脚前踢，同时两拳置于胸腹前；左脚收小腿，顺势下落成左弓步，迅速完成左、右手交替中路冲拳。

17. 右脚支撑，身体左转 90°，顺势完成左走步左手下格挡，并迅速冲右拳攻击中段目标（剑突）。

18. 右脚向前，顺势完成右走步右手下格挡，并迅速冲左拳攻击中段目标（剑突）。

19. 右脚支撑，左脚前踢，同时两拳置于胸腹前；左脚收小腿，顺势下落成左走步，完成左走步左手下格挡，并迅速冲右拳攻击中段目标（剑突）。

20. 左脚支撑，右脚前踢，同时两拳置于胸腹前；右脚收小腿，顺势下落成右走步，完成右走步右手下格挡，并迅速冲左拳攻击中段目标并发声。

以右脚掌为轴，身体向后转 180°，收左脚还原至基本准备姿势。

太极一章 动作16-2　　1　　2　　　　太极三章 动作19-2

太极一章 动作17　　2 侧视图 1　　　　太极三章 动作20-1

太极一章 动作18　　2 侧视图 1　　　　太极三章 动作20-2　　2 侧视图 1

太极一章 动作19-1　　侧视图　　　　太极三章 返回原点

图5-11　太极三章4

四、太极四章

本章的含义是八卦中的"震"，"震"有雷鸣、威严、威力之意。太极四章动作的实战化意味较浓，练习时要体会其中的寓意。

首先以基本准备姿势站立。

1. 右脚蹬地，带动身体左转，顺势完成左脚向左转90°成三七步手刀中格挡。

2.左脚蹬地，右脚向前，成右弓步，顺势迅速完成右手贯指刺击攻击中段目标。

3.以左脚掌为轴，身体向后转180°，完成走步右三七步手刀中格挡。

太极四章 品势准备

太极四章 动作01

太极四章 动作02

太极四章 动作03

图5-12 太极四章1

4.右脚蹬地，左脚向前，成左弓步，顺势迅速完成左手贯指刺击攻击中段目标。

5.右脚支撑，身体左转，完成左脚向左转90°成弓步，顺势右手手刀攻击颈部，左掌上格挡，完成燕子手刀动作。

6.左脚支撑，右脚前踢，同时两拳置于胸腹前；右脚收小腿，顺势下落成右弓步，迅速完成左手中路冲拳。

7.右脚支撑，左脚侧踢，两拳置于胸腹前，顺势落地成左走步。

8.左脚支撑，右脚侧踢，两拳置于胸腹前，顺势落地成右三七步，同时完成手刀中格挡。

9.以右脚掌为轴，身体向左转90°，完成左三七步，左手中外格挡，右拳拳心向上收至同侧腰部。

10.左脚掌蹬地，右脚前踢，两拳置于胸腹前；右脚收小腿，还原至左三七步，同时迅速完成右手中格挡。

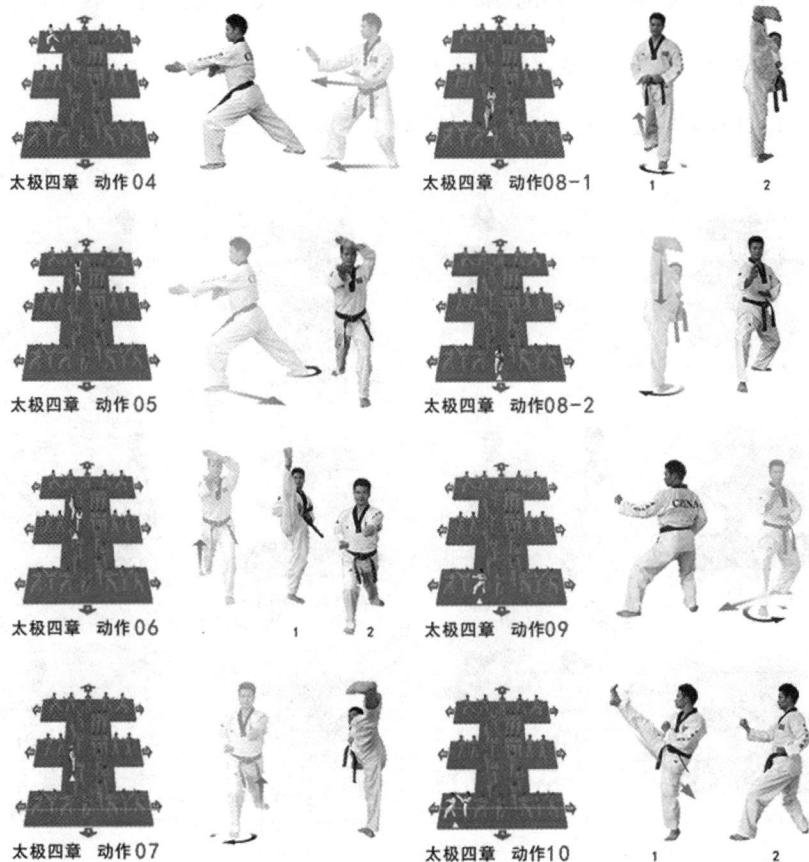

图5-13　太极四章2

11. 以左脚掌为轴，身体向右转180°，完成右三七步，右手中外格挡，左拳拳心向上收至同侧腰部。

12. 右脚掌蹬地，左脚前踢，两拳置于胸腹前；左脚收小腿，还原至右三七步，同时迅速完成左手中格挡。

13. 右脚支撑，身体左转90°，成左弓步，顺势右手手刀攻击颈部，左掌上格挡，完成燕子手刀动作。

14.左脚支撑，右脚前踢，同时两拳置于胸腹前；右脚收小腿，顺势下落成右弓步，迅速完成右手背拳前击。

15.以右脚掌为轴，身体左转 90°，完成左走步左手中格挡。

太极四章 动作11

太极四章 动作12

太极四章 动作13

太极四章 动作14

太极四章 动作15

太极四章 动作16

太极四章 动作17

太极四章 动作18

侧视图

侧视图

图5-14 太极四章3

16.步法不变，右手中路冲拳。

17.以左脚掌为轴，身体右转 180°，完成右走步右手中格挡。

18.步法不变，左手中路冲拳。

19.右脚支撑，身体左转90°，成左弓步，顺势左手中格挡，接着迅速完成右、左交替中路冲拳。

20.左脚蹬地，右脚向前，成右弓步，顺势右手中格挡，接着迅速完成左、右交替中路冲拳并发声。

以右脚掌为轴，身体向后转180°，收左脚还原至基本准备姿势。

太极四章 动作19-1　　　　　　侧视图

太极四章 动作19-2　　　2　侧视图　1

太极四章 动作20-1

太极四章 动作20-2　　2　侧视图　1　　　太极四章 返回原点

图5-15　太极四章4

五、太极五章

本章的含义是八卦中的"巽"，"巽"指风，象征狂风与静谧。

练习太极五章，要掌握力量强弱的控制。

首先以基本准备姿势站立。

1. 右脚蹬地，带动身体左转，顺势完成左脚向左转 90° 成弓步，左手下格挡。

2. 右脚掌为轴，左脚收回成左丁字步（两脚掌成 90°，间距一脚长），顺势迅速完成左手下锤拳。

太极五章 品势准备

太极五章 动作 04

太极五章 动作 01

太极五章 动作 05

1　　　　2

太极五章 动作 02

太极五章 动作 06-1

太极五章 动作 03

太极五章 动作 06-2

1　　　　2

图5-16　太极五章1

3. 以左脚掌为轴，身体右转 180°，完成右弓步右手下格挡。

4. 左脚掌为轴，右脚收回成右丁字步，顺势迅速完成右手下锤拳。

5. 右脚支撑，身体左转 90°，成左弓步，顺势迅速完成左、右手交替中格挡。

6. 左脚支撑，右脚前踢，同时两拳置于胸腹前；右脚收小腿，顺势下落成右弓步，迅速完成右、左手交替中格挡。

7. 右脚支撑，左脚前踢，同时两拳置于胸腹前；左脚收小腿，顺势下落成左弓步，迅速完成左、右手交替中格挡。

8. 左脚蹬地，右脚向前成右弓步，同时完成右手背拳前击。

9. 以右脚掌为轴，身体左转 90°，完成左三七步，左单手刀中外格挡，右拳拳心向上收至同侧腰部。

太极五章　动作07-1

太极五章　动作10

太极五章　动作07-2

1　　　2

太极五章　动作11

太极五章　动作08

太极五章　动作12

太极五章　动作09

太极五章　动作13　侧视图　1　　　2

图5-17　太极五章2

10.左脚掌蹬地,右脚向前成右弓步,同时迅速转腰完成右手肘横击,左掌平伸抵右拳面。

11. 以左脚掌为轴,身体向右转180°,完成右三七步,右单手刀中外格挡,左拳拳心向上收至同侧腰部。

12.右脚掌蹬地,左脚向前成左弓步,同时迅速转腰完成左手肘横击,右掌平伸抵左拳面。

13.右脚支撑，身体左转 90°，成左弓步，顺势左手下格挡，紧接着完成右手中格挡。

太极五章 动作14-1　　侧视图　　太极五章 动作17

太极五章 动作14-2　　侧视图 2　1　　太极五章 动作18　　1　2

太极五章 动作15　　太极五章 动作19　　侧视图 2　1

太极五章 动作16　2　1　　太极五章 动作20　　侧视图 2　1

图5-18　太极五章3

14.左脚支撑，右脚前踢，同时两拳置于胸腹前；右脚收小腿，顺势下落成右弓步，迅速依次完成右手下格挡和左手中格挡。

15.以右脚掌为轴，身体左转 90°，完成左弓步左手上格挡。

16. 左脚支撑，右脚侧踢，同时右拳侧击；右脚收腿，顺势下落成右弓步，并迅速转腰完成掌肘对击。

17. 以左脚掌为轴，身体右转 180°，完成右弓步右手上格挡。

18. 右脚支撑，左脚侧踢，同时左拳侧击；左脚收腿，顺势下落成左弓步，并迅速转腰完成掌肘对击。

19. 右脚支撑，身体左转 90°，成左弓步，迅速依次完成左手下格挡和右手中格挡。

太极五章　返回原点

图5-19　太极五章4

20. 左脚支撑，右脚前踢，同时两拳置于胸腹前；右脚收小腿，顺势向前落下成后交叉步，并迅速完成右手背拳前击并发声。

以右脚掌为轴，身体左转 90°，还原至基本准备姿势。

六、太极六章

本章的含义是八卦中的"坎"，"坎"指水，象征川流不息与柔韧。练习太极六章，要体现出动作的连贯性。

首先以基本准备姿势站立。

1.右脚蹬地，带动身体左转，顺势完成左脚向左转 90°成左弓步，左手下格挡。

2.左脚蹬地，右脚前踢，两拳置于胸腹前；右脚收小腿，顺势后撤成左三七步，同时迅速完成左手中外格挡。

3.以左脚掌为轴，身体右转 180°，完成右弓步右手下格挡。

图5-20　太极六章1

4.右脚蹬地，左脚前踢，两拳置于胸腹前；左脚收小腿，顺势后撤成右三七步，同时迅速完成右手中外格挡。

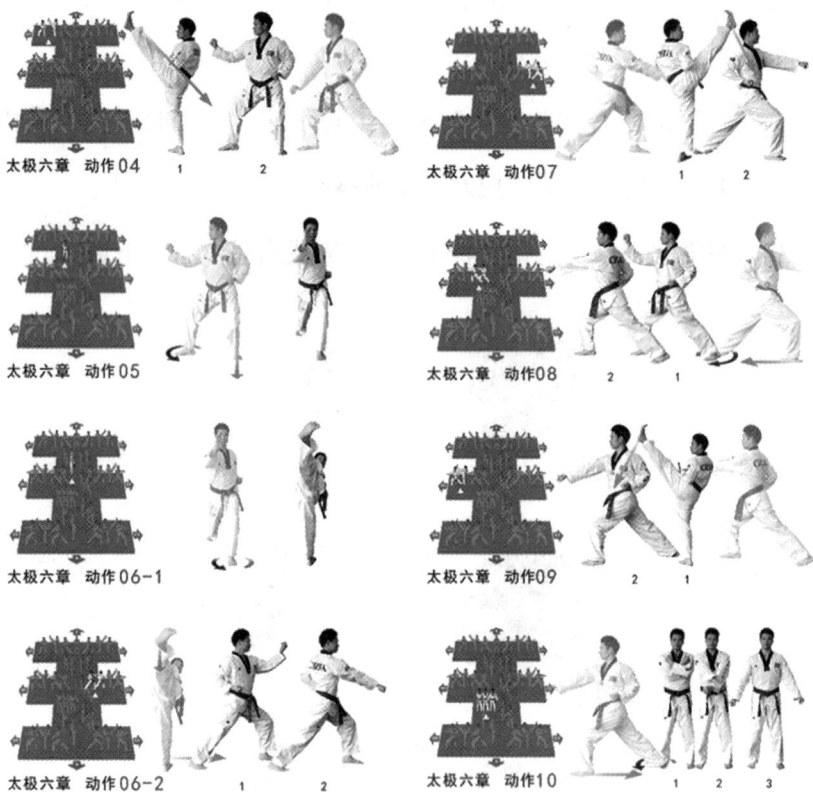

太极六章 动作04　　1　　2

太极六章 动作07　　1　　2

太极六章 动作05

太极六章 动作08　　2　　1

太极六章 动作06-1

太极六章 动作09　　2

太极六章 动作06-2　　1　　2

太极六章 动作10　　1　　2　　3

图5-21　太极六章2

5.以右脚为轴，身体左转90°，成左弓步，顺势完成右手单手刀斜上格挡。

6.左脚支撑，右脚高横踢，同时两拳置于胸腹前；右脚收小腿，顺势向前落下蹬地，身体顺势左转90°，左脚向前成左弓步，并迅速依次完成左手上段外格挡和右手中路冲拳。

7.左脚蹬地，右脚前踢，两拳置于胸腹前；右脚收小腿，顺势落地成右弓步，同时完成左手中路冲拳。

8. 以左脚为轴，身体向右转 180°，完成右弓步，并迅速依次完成右手上段外格挡和左手中路冲拳。

9. 右脚蹬地，左脚前踢，两拳置于胸腹前；左脚收小腿，顺势落地成左弓步，同时完成右手中路冲拳。

10. 以右脚掌为轴，身体左转 90°，左脚后撤成并排步，同时右手在内左手在外交叉于胸前（拳心朝向身体），然后双手以 5 秒的节奏，匀速完成分拳下格挡。

太极六章 动作11

太极六章 动作12-1

太极六章 动作12-2

太极六章 动作13

太极六章 动作14

太极六章 动作15

太极六章 动作16

太极六章 动作17

图5-22　太极六章3

11. 左脚蹬地，右脚向前成右弓步，顺势完成左手单手刀斜上格挡。

12. 右脚支撑，左脚高横踢并发声，两拳置于胸腹前；左脚收小腿，顺势向前落下蹬地，身体顺势右转90°，右脚向前成右弓步，同时完成右手下格挡。

13. 右脚蹬地，左脚前踢，两拳置于胸腹前；左脚收小腿，后撤成右三七步，同时完成右手中外格挡。

14. 以右脚掌为轴，身体左转180°，左脚向前成左弓步，同时完成左手下格挡。

15. 左脚蹬地，右脚前踢，两拳置于胸腹前；右脚收小腿，后撤成左三七步，同时完成左手中外格挡。

16. 以左脚掌为轴，身体左转90°，完成左三七步手刀中格挡。

17. 以右脚掌为轴，左脚后撤，完成右三七步手刀中格挡。

18. 以左脚掌为轴，右脚后撤成左弓步，同时迅速依次完成左手掌中内格挡和右手中路冲拳。

19. 左脚后撤成右弓步，同时迅速依次完成右手掌中内格挡和左手中路冲拳。

右脚收回成并排步，还原至基本准备姿势。

太极六章　动作18

1　　　2

太极六章　动作19

1　　　2

太极六章　返回原点

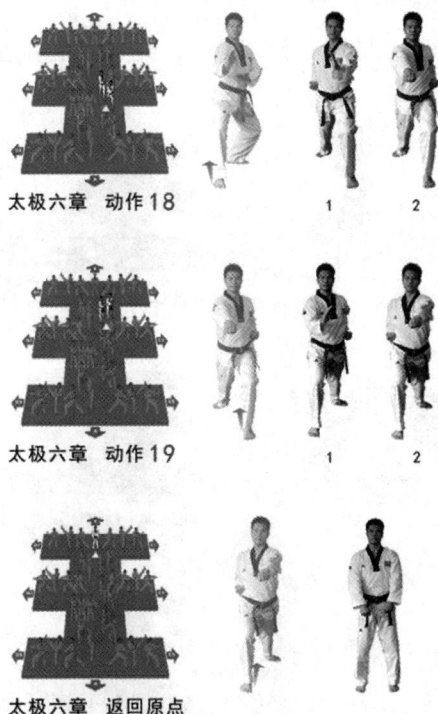

图5-23　太极六章4

七、太极七章

本章的含义是八卦中的"艮"，"艮"指山，象征稳重与坚定。练习太极七章，要体现修炼信念的坚定不移和技术的稳重感。

首先以基本准备姿势站立。

1.右脚蹬地，带动身体左转，顺势完成左脚向左转90°成左虎步，右掌中内格挡。

2.左脚支撑，右脚前踢，两拳置于胸腹前；右脚收小腿，顺势还原至左虎步，同时迅速完成左手中格挡。

3. 以左脚掌为轴，身体右转180°，完成右虎步左掌中内格挡。

太极七章 品势准备

太极七章 动作01

太极七章 动作02

太极七章 动作03

太极七章 动作04

太极七章 动作05

太极七章 动作06

太极七章 动作07

图5-24 太极七章1

4. 右脚支撑，左脚前踢，两拳置于胸腹前；左脚收小腿，顺势还原至右虎步，同时迅速完成右手中格挡。

5. 右脚支撑，身体左转90°，成左三七步，顺势迅速完成手刀下格挡。

6.左脚蹬地，右脚向前成右三七步，顺势迅速完成手刀下格挡。

7.右脚支撑，身体左转90°，成左虎步，同时迅速转腰完成右掌中内格挡（左拳拳心向下，拳背托右肘）。

8.步法不变，腰部左转带动右拳收于左肩，紧接着迅速转腰完成右手背拳前击（左手位置不变）。

9.以左脚掌为轴，身体向右转180°，成右虎步，同时迅速转腰完成左掌中内格挡（右拳拳心向下，拳背托左肘）。

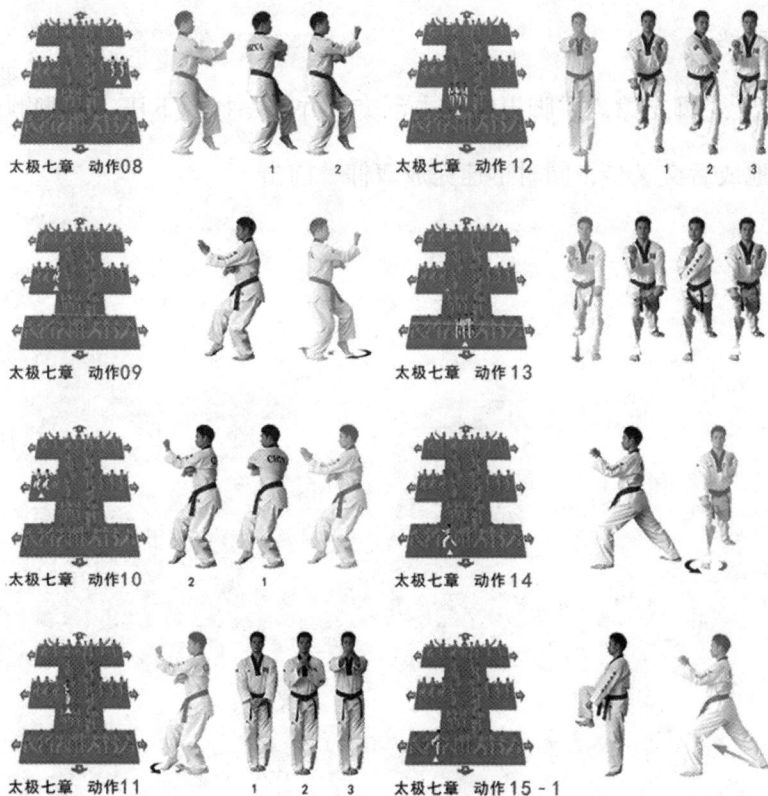

太极七章 动作08　　1　　2　　太极七章 动作12　　1　　2　　3

太极七章 动作09　　太极七章 动作13

太极七章 动作10　　2　　1　　太极七章 动作14

太极七章 动作11　　1　　2　　3　　太极七章 动作15－1

图5-25　太极七章2

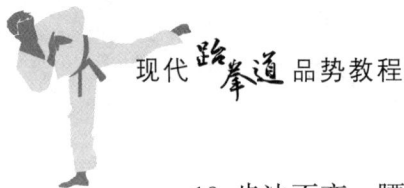

10. 步法不变，腰部右转带动左拳收于右肩，紧接着迅速转腰完成左手背拳前击（右手位置不变）。

11. 以右脚掌为轴，身体向左转 90°，收左脚成并步，同时双臂自然下垂，左手抱右拳于肚脐眼下约 3 厘米处；然后以 5 秒的节奏，匀速将抱拳提至人中高度。

12. 右脚掌蹬地，左脚向前成左弓步，同时迅速转腰完成剪刀格挡。

13. 左脚掌蹬地，右脚向前成右弓步，同时迅速转腰完成剪刀格挡。

14. 以右脚掌为轴，身体向左后方转 270°，完成左弓步双手交叉中外格挡。

15. 左脚支撑，右脚提膝攻击剑突，并双拳抓握下压；右脚顺势向前落地成后交叉步，同时迅速完成双仰拳前击。

太极七章 动作15-2　　太极七章 动作18-2

太极七章 动作16　　太极七章 动作19

太极七章 动作17　　太极七章 动作20　侧视图

太极七章 动作18-1　　太极七章 动作21-1　侧视图

图5-26　太极七章3

16. 左脚后撤成右弓步，同时完成双立拳交叉右下格挡（右拳在下，左拳在上）。

17. 以左脚掌为轴，身体向右后方转180°，完成右弓步双手交叉中外格挡。

18. 右脚支撑，左脚提膝攻击剑突，并双拳抓握下压；左脚顺势向前落地成后交叉步，同时迅速完成双仰拳前击。

19. 右脚后撤成左弓步，同时完成双立拳交叉左下格挡（左拳在下，右拳在上）。

20. 以右脚掌为轴，身体左转 90° 成左走步，同时迅速完成左手背拳侧击（攻击太阳穴）。

21. 左脚支撑，左手位置不变，右脚内摆完成脚内侧与手掌对击；右脚顺势落下成马步，同时迅速完成掌肘对击（视线朝向进攻方向）。

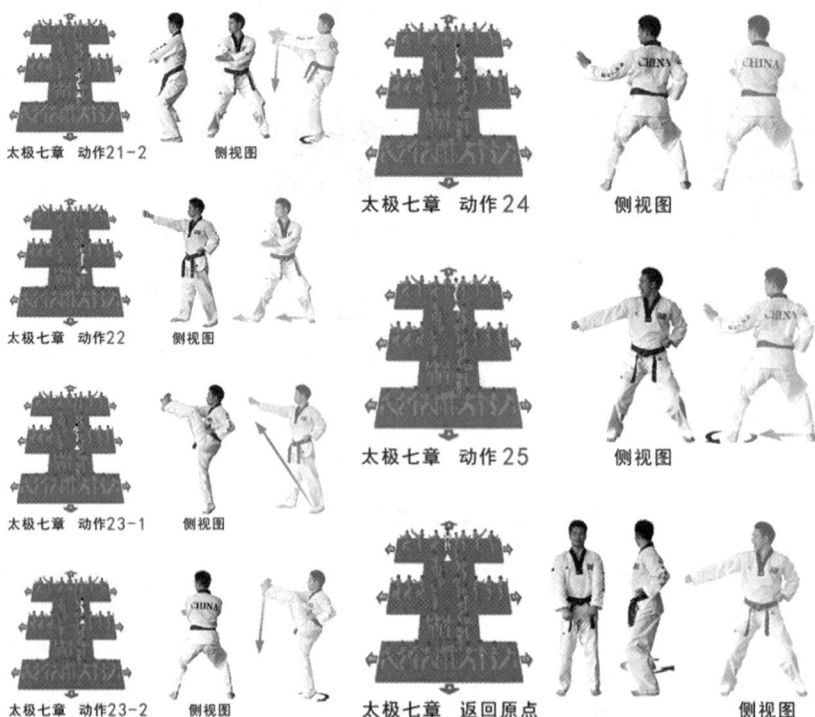

太极七章 动作21-2　　侧视图

太极七章 动作22　侧视图

太极七章 动作23-1　侧视图

太极七章 动作23-2　侧视图

太极七章 动作24　　侧视图

太极七章 动作25　　侧视图

太极七章 返回原点　　　　侧视图

图5-27　太极七章4

22. 身体右转 90°，左脚向前跟进成右走步，同时迅速完成右手背拳侧击（攻击太阳穴）。

23.右脚支撑，右手位置不变，左脚内摆完成脚内侧与手掌对击；左脚顺势落下成马步，同时迅速完成掌肘对击（视线朝向进攻方向）。

24.步法不变，完成左手单手刀中外格挡。

25.以左脚掌为轴，身体左转180°，右脚前迈成马步，同时迅速完成右手冲拳侧击并发声。

以右脚掌为轴，身体左转90°，收左脚还原至基本准备姿势。

八、太极八章

本章的含义是八卦中的"坤"，"坤"指地、阴，象征根基与稳定。大地滋养万物，也寓意奉献和包容。

首先以基本准备姿势站立。

1.右脚蹬地，左脚向前成左三七步，同时迅速完成双拳中外格挡。

2.右脚蹬地，左脚向前成左弓步，同时迅速完成右手中路冲拳。

3.左脚跳起腾空，迅速依次完成右脚中段前踢和左脚高前踢（并发声）；左脚向前落地成左弓步，同时依次完成左手中格挡和右、左交替中路冲拳。

4.左脚蹬地，右脚上步成右弓步，同时迅速完成右手中路冲拳。

5.以右脚掌为轴，身体左转90°，成右弓步，顺势迅速完成左手下格挡和右手上段外格挡（半山形格挡），视线朝向左方。

太极八章 品势准备

太极八章 动作01

太极八章 动作02

太极八章 动作03 1 2

图5-28 太极八章1

6.右脚蹬地，身体左转 90° 成左弓步，顺势以 8 秒的节奏匀速完成右手勾拳，左手立拳置于右肩。

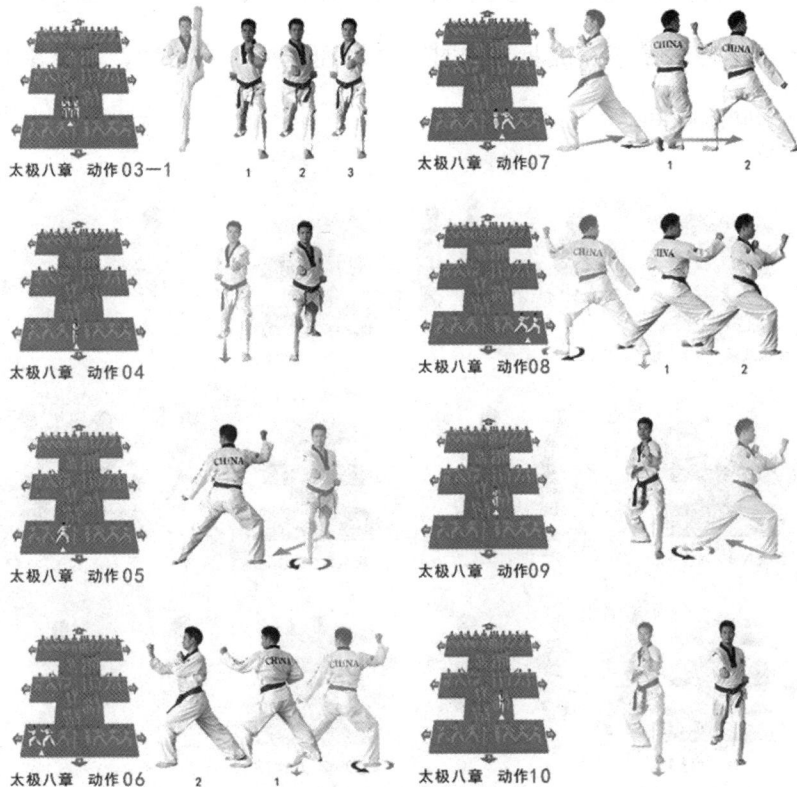

太极八章 动作03—1　　1　　2　　3

太极八章 动作07　　1　　2

太极八章 动作04

太极八章 动作08　　1　　2

太极八章 动作05

太极八章 动作09

太极八章 动作06　　2　　1

太极八章 动作10

图5-29　太极八章2

7. 左脚向右成前交叉步，右脚顺势向右成左弓步，同时完成右手下格挡和左手上段外格挡（半山形格挡），视线朝向右方。

8. 左脚蹬地，身体右转90°成右弓步，顺势以8秒的节奏匀速完成左手勾拳，右手立拳置于左肩。

9. 以左脚掌为轴，身体向左转270°，成左三七步，同时迅速转腰完成手刀中格挡。

10. 右脚蹬地，左脚向前成左弓步，同时迅速完成右手中路冲拳。

11. 右脚高前踢，两拳置于胸腹前，右脚收小腿向后落地成左走步，紧接着左脚后撤成右虎步，同时右掌迅速完成中内格挡，左拳拳心向上收于同侧腰间。

图5-30 太极八章3

12. 右脚掌蹬地，身体左转90°成左虎步，同时迅速转腰完成手刀中格挡。

13. 左脚原地高前踢，两拳置于胸腹前，收小腿向前落地成左弓步，同时迅速完成右手中路冲拳。

14. 左脚回收成左虎步，同时迅速转腰完成左掌中内格挡。

15. 以左脚掌为轴，身体右转180°成右虎步，同时迅速转腰完成手刀中格挡。

16. 右脚原地高前踢，两拳置于胸腹前，收小腿向前落地成右弓步，同时迅速完成左手中路冲拳。

17. 右脚回收成右虎步，同时迅速转腰完成右掌中内格挡。

18. 左脚蹬地，身体右转90°成右三七步，同时迅速完成双拳下格挡。

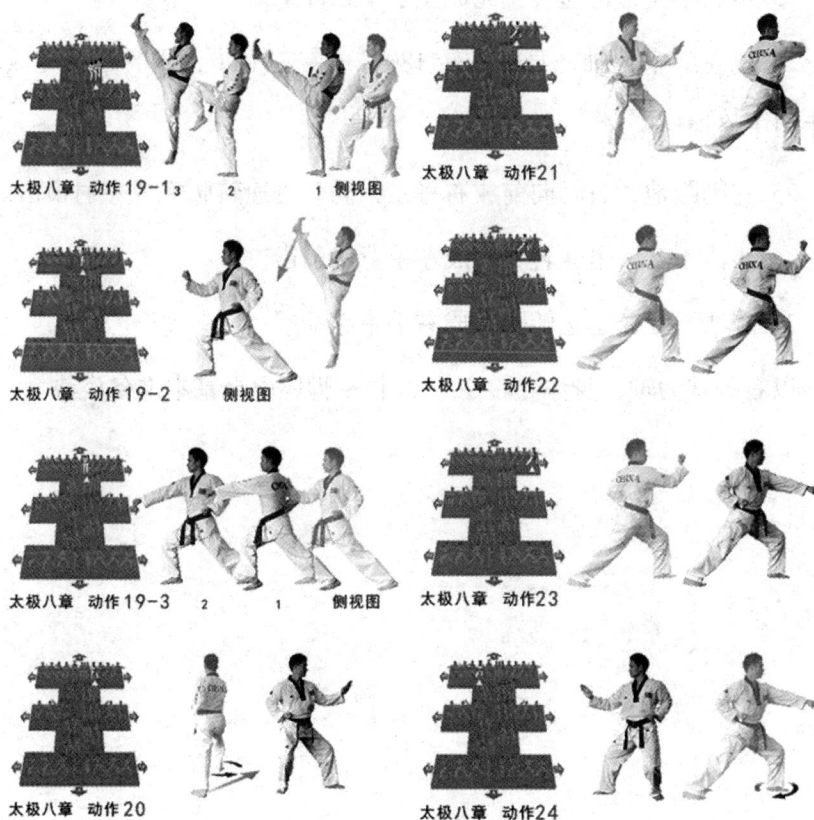

图5-31 太极八章4

19. 左脚高前踢，紧接着原地腾空起跳右脚高前踢并发声，右脚顺势向前落地成右弓步，同时依次完成右手中格挡和左、右交替中路冲拳。

20. 以右脚掌为轴，身体左转270°成左三七步，同时迅速完成左单手刀中格挡。

21. 右脚蹬地，左脚向前成左弓步，同时迅速转腰完成右肘横击。

22. 步法不变，迅速转腰完成右手背拳前击。

23. 步法不变，迅速转腰完成左手中路冲拳。

24. 以左脚掌为轴，身体右转180°成右三七步，同时迅速完成右单手刀中格挡。

25. 左脚蹬地，右脚向前成右弓步，同时迅速转腰完成左肘横击。

26. 步法不变，迅速转腰完成左手背拳前击。

27. 步法不变，迅速转腰完成右手中路冲拳。

以右脚掌为轴，身体左转90°，收左脚还原至基本准备姿势。

太极八章　动作25

太极八章　动作26

太极八章　动作27

太极八章　返回原点

图5-32　太极八章5

九、高丽

高丽品势的含义是"士"，象征武士的尚武精神和儒士的刚正不阿。
高丽难度动作较多，习练时要体会身体与精神的融合。

首先以推圆木准备姿势站立——左脚向左平移一脚长的同时，两臂伸直斜向下约 15°，双拳变掌掌心相对，间隔约一掌距离。接着，沿身体中线沉肩屈肘向上提起双掌，此时两指尖相对，手臂距身体约一立拳，直至剑突（胸口）高度。两掌翻转相对，同时向前上方推出，如推离浮于水平的圆木，指尖朝上，手腕向拇指侧微弯曲。过程需匀速 8 秒，配合呼吸，有头部向正上方虚顶意识，收腹收臀，膝关节微微弯曲，下颌微收、目视前方。

高丽 品势准备

高丽 动作03

高丽 动作01

高丽 动作04

高丽 动作02-1

1

2

高丽 动作05

高丽 动作02-2

高丽 动作06-1

图5-33 高丽1

1. 右脚蹬地,身体左转 90°,左脚向前成左三七步,同时迅速完成手刀中格挡。

2. 左脚蹬地,右脚迅速完成二段侧踢(第一腿踢击膝关节高度,第二腿为头部高度);右脚顺势向前落地成右弓步,同时完成右单手刀横击颈部。

3. 步法不变,迅速完成左手中路冲拳。

4. 以左脚掌为轴,右脚收回成右三七步,同时迅速转腰完成右手中格挡。

5. 以左脚掌为轴,身体右转 180°成右三七步,同时迅速转腰完成手刀中格挡。

6. 右脚蹬地,左脚迅速完成二段侧踢(第一腿踢击膝关节高度,第二腿为头部高度);左脚顺势向前落地成左弓步,同时完成左单手刀横击颈部。

高丽 动作06-2

高丽 动作10-1

高丽 动作07

高丽 动作10-2

高丽 动作08

高丽 动作11-1

高丽 动作09

高丽 动作11-2

图5-34　高丽2

7. 步法不变，迅速完成右手中路冲拳。

8. 以右脚掌为轴，左脚收回成左三七步，同时迅速转腰完成左手中格挡。

9. 以右脚掌为轴，身体左转90°成左弓步，同时迅速转腰依次完成左单手刀下格挡和右手虎口刺击颈部动作。

10. 右脚高前踢，收小腿向前落地成右弓步，同时迅速转腰依次完成右单手刀下格挡和左手虎口刺击颈部动作。

11. 右脚蹬地，左脚高前踢，两拳置于胸腹前，左脚收小腿向前落地成左弓步，同时迅速转腰依次完成左单手刀下格挡和右手虎口刺击颈部动作并发声。

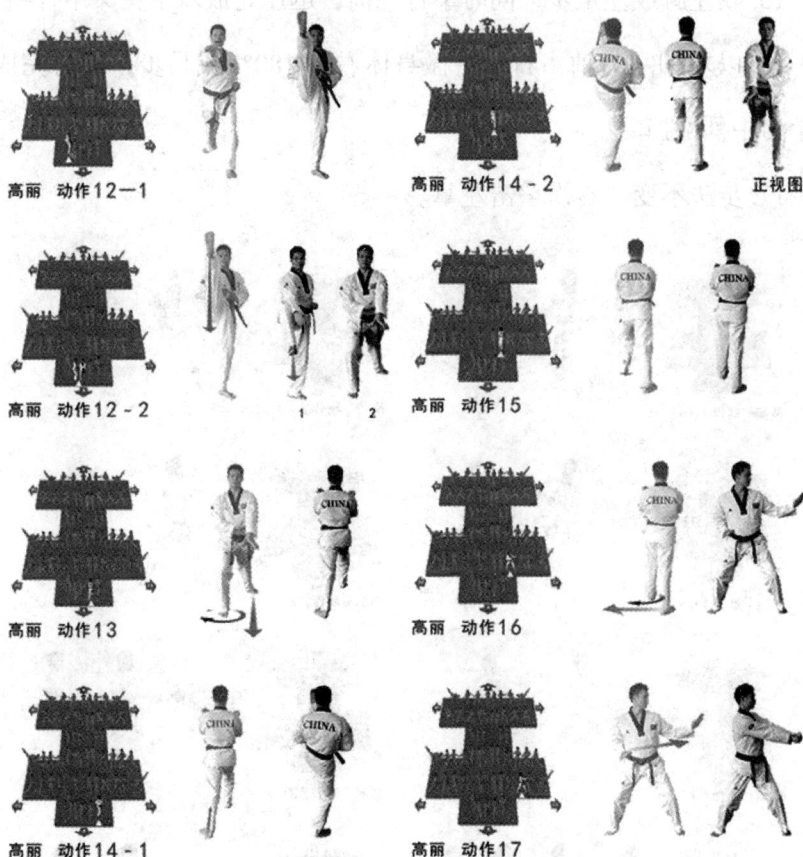

高丽　动作12-1　　　　　　　　　高丽　动作14-2　　　　　　正视图

高丽　动作12-2　　　　　　　　　高丽　动作15

高丽　动作13　　　　　　　　　　高丽　动作16

高丽　动作14-1　　　　　　　　　高丽　动作17

图5-35　高丽3

12. 左脚掌蹬地，右脚高前踢，收小腿落地成右弓步，同时迅速完成右手上提、左手下压折膝攻击。

13. 以右脚掌为轴，身体右转180°，左脚前迈成右弓步，同时拳背朝前，迅速完成双手交叉中外格挡。

14. 右脚蹬地，左脚高前踢，两拳置于胸腹前；左脚收小腿向前落地成左弓步，同时迅速完成左手上提、右手下压折膝攻击。

15. 收左脚成左走步，同时拳背朝前，迅速完成双手交叉中外格挡。

16. 以左脚掌为轴，右脚后撤身体右转180°成马步，同时完成左单手刀中外格挡。

17. 步法不变，右横拳击左掌。

图5-36　高丽4

18.右脚向左成右前交叉步，紧接着做左脚侧踢，两拳置于胸腹前；收小腿顺势落地身体右转90°成右弓步，同时迅速完成左反手刀下击动作，右手立掌置于左肩。

19.收右脚成右走步，同时迅速转腰完成右手下格挡。

20.左脚向前走步，并完成左掌下压；紧接着以左脚掌为轴，右脚前迈，身体左转90°成马步，同时迅速完成右肘侧击。

21.步法不变，迅速转腰发力完成右单手刀中格挡。

22.步法不变，左横拳击右掌。

23.左脚向右成左前交叉步，紧接着做右脚侧踢，两拳置于胸腹前；收小腿顺势落地身体右转90°成左弓步，同时迅速完成右反手刀下击动作，左手立掌置于右肩。

24.收左脚成左走步，同时迅速转腰完成左手下格挡。

25.右脚向前走步，并完成右掌下压；紧接着以右脚掌为轴，左脚前迈，身体右转90°成马步，同时迅速完成左肘侧击。

26.收右脚成并步，同时两臂上举、双掌交叠于人体中线，以5秒的节奏匀速完成左拳右掌下路对击动作。

27.以右脚掌为轴，身体左转180°，迈左脚成左弓步，同时迅速依次完成左单手刀横击颈部和左单手刀下格挡。

28.右脚前迈成右弓步，同时迅速依次完成右单手刀内击颈部和右单手刀下格挡。

29.迈左脚成左弓步，同时迅速依次完成左单手刀内击颈部和左单手刀下格挡。

高丽 动作24

高丽 动作25

高丽 动作26

高丽 动作27-1　　　　　侧视图

图5-37　高丽5

30.右脚前迈成右弓步，同时迅速完成右虎口前击颈部并发声。

以右脚掌为轴，身体左转180°，收左脚还原至推圆木准备姿势。

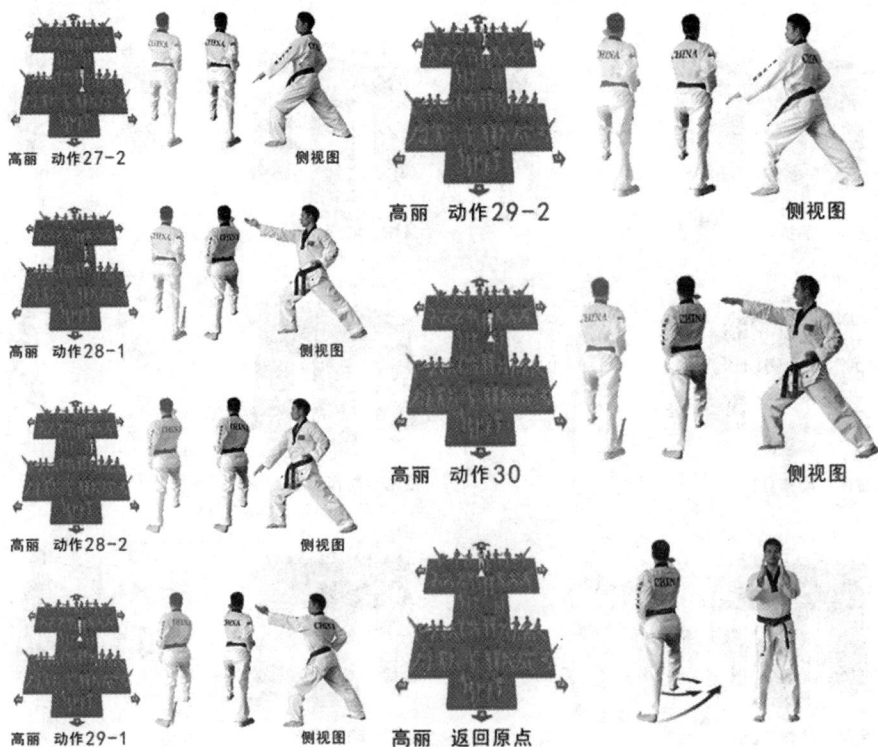

高丽　动作27-2　　　　　　　　　　　　侧视图

高丽　动作28-1　　　　　　　　　　　　侧视图

高丽　动作28-2　　　　　　　　　　　　侧视图

高丽　动作29-1　　　　　　　　　　　　侧视图

高丽　动作29-2　　　　　　　　　　　　侧视图

高丽　动作30　　　　　　　　　　　　侧视图

高丽　返回原点

图5-38　高丽6

十、金刚

金刚的含义是刚猛和厚重，也象征男性。

首先以基本准备姿势站立。

1. 右脚蹬地，左脚向前成左弓步，同时迅速完成双手交叉中外格挡，拳背朝前。

2. 左脚蹬地，右脚向前成右弓步，同时迅速完成右掌根上段前击。

3. 右脚蹬地，左脚向前成左弓步，同时迅速完成左掌根上段前击。

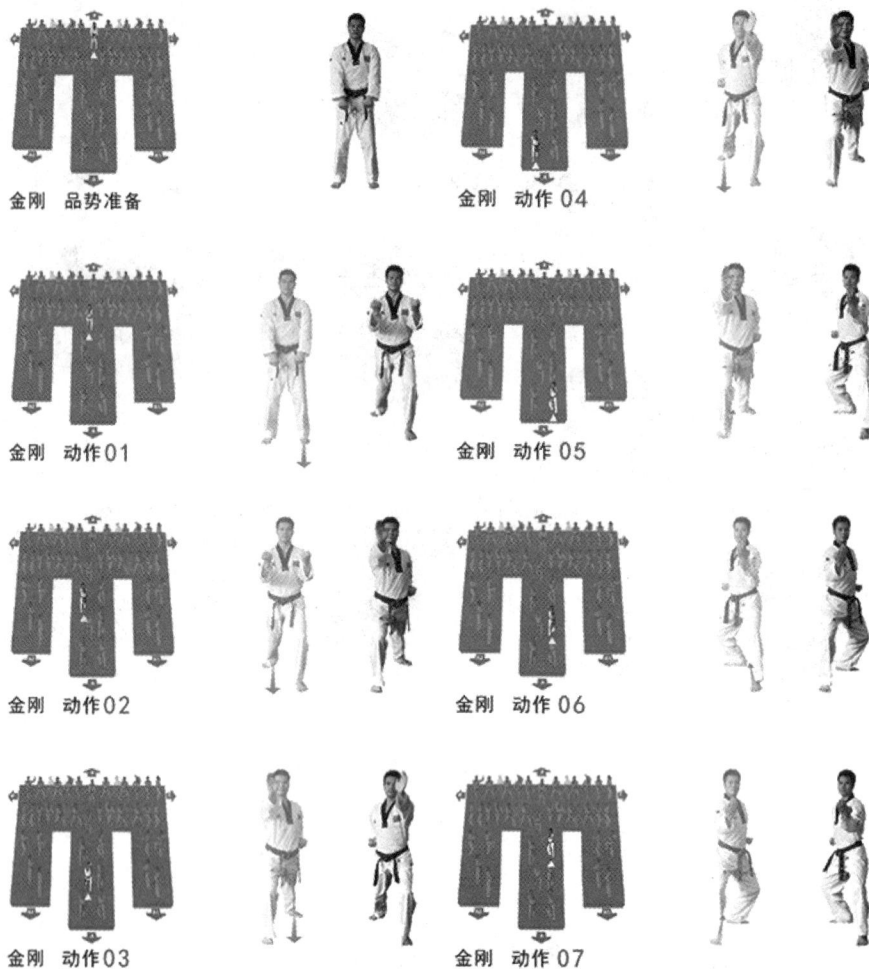

金刚 品势准备

金刚 动作04

金刚 动作01

金刚 动作05

金刚 动作02

金刚 动作06

金刚 动作03

金刚 动作07

图5-39 金刚1

4.左脚蹬地，右脚向前成右弓步，同时迅速完成右掌根上段前击。

5.右脚后撤，成左三七步，同时完成左单手刀中内格挡。

6.左脚后撤，成右三七步，同时完成右单手刀中内格挡。

7.右脚后撤，成左三七步，同时完成左单手刀中内格挡。

8.左脚提膝成右鹤立步，紧接着以8秒的节奏匀速完成双手金刚格挡，到5秒时视线转向左方。

9.左脚向左落地成马步，同时迅速转腰发力完成右拳胸前横击。

10.以左脚掌为轴，右脚向左移步，身体紧接着以右脚掌为轴旋转360°，左脚向左迈出成马步，同时迅速完成右拳胸前横击，视线向左。

图5-40 金刚2

11.以左脚掌为轴，提右脚，身体左转90°完成马步山形格挡并发声，视线向右。

12. 以右脚掌为轴，迈左脚，身体右转 180° 成马步，同时迅速完成双手交叉中外格挡，拳背朝前。

13. 收左脚成并排步，两拳交叉于胸前（右手在内，左手在外），以 5 秒的节奏匀速完成分拳下格挡。

14. 以右脚掌为轴，提左脚，身体右转 180° 完成马步山形格挡，视线向左。

15. 以左脚掌为轴，身体右转 90°，右脚提膝成左鹤立步，紧接着以 8 秒的节奏匀速完成双手金刚格挡，到 5 秒时视线转向右方。

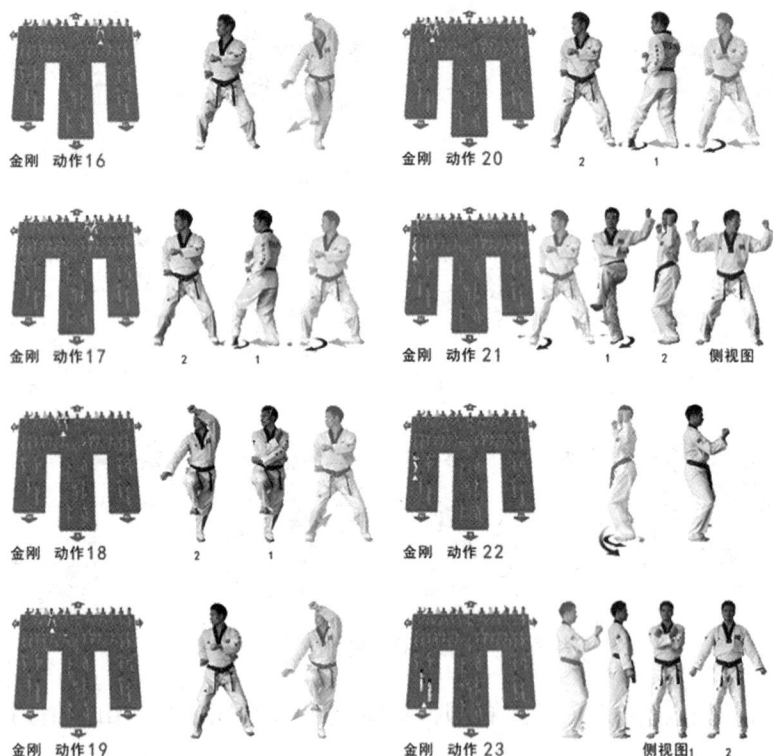

金刚 动作16

金刚 动作20　　2　1

金刚 动作17　　2　1

金刚 动作21　　1　2　侧视图

金刚 动作18　　2　1

金刚 动作22

金刚 动作19

金刚 动作23　　侧视图1　2

图5-41　金刚3

16. 右脚向右落地成马步，同时迅速转腰发力完成左拳胸前横击，视线向右。

17. 以右脚掌为轴，左脚向右移步，身体紧接着以左脚掌为轴旋转360°，右脚向右迈出成马步，同时迅速完成左拳胸前横击，视线向右。

18. 右脚提膝成左鹤立步，紧接着以8秒的节奏匀速完成双手金刚格挡，视线向右。

19. 右脚向右落地成马步，同时迅速转腰发力完成左拳胸前横击，视线向右。

20. 以右脚掌为轴，左脚向右移步，身体紧接着以左脚掌为轴旋转360°，右脚向右迈出成马步，同时迅速完成左拳胸前横击，视线向右。

21. 以右脚掌为轴，提左脚，身体右转90°完成马步山形格挡并发声，视线向左。

22. 以左脚掌为轴，迈右脚，身体左转180°成马步，同时迅速完成双手交叉中外格挡，拳背朝前。

23. 收右脚成并排步，两拳交叉于胸前（左手在内，右手在外），以5秒的节奏匀速完成分拳下格挡。

24. 以左脚掌为轴，提右脚，身体左转180°完成马步山形格挡，视线向右。

25. 以右脚掌为轴，身体左转90°，左脚提膝成右鹤立步，紧接着以8秒的节奏匀速完成双手金刚格挡，到5秒时视线转向左方。

26. 左脚向左落地成马步，同时迅速转腰发力完成右拳胸前横击，视线向左。

27.以左脚掌为轴，右脚向左移步，身体紧接着以右脚掌为轴旋转360°，左脚向左迈出成马步，同时迅速完成右拳胸前横击，视线向左。

收左脚还原至基本准备姿势。

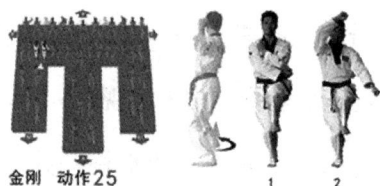

金刚 动作24   1   2   侧视图

金刚 动作25   1   2

金刚 动作26

金刚 动作27   金刚 返回原点

图5-42 金刚4

十一、太白

太白是指古代朝鲜檀君开国的圣山，象征着灵魂与传统的根源。

首先以基本准备姿势站立。

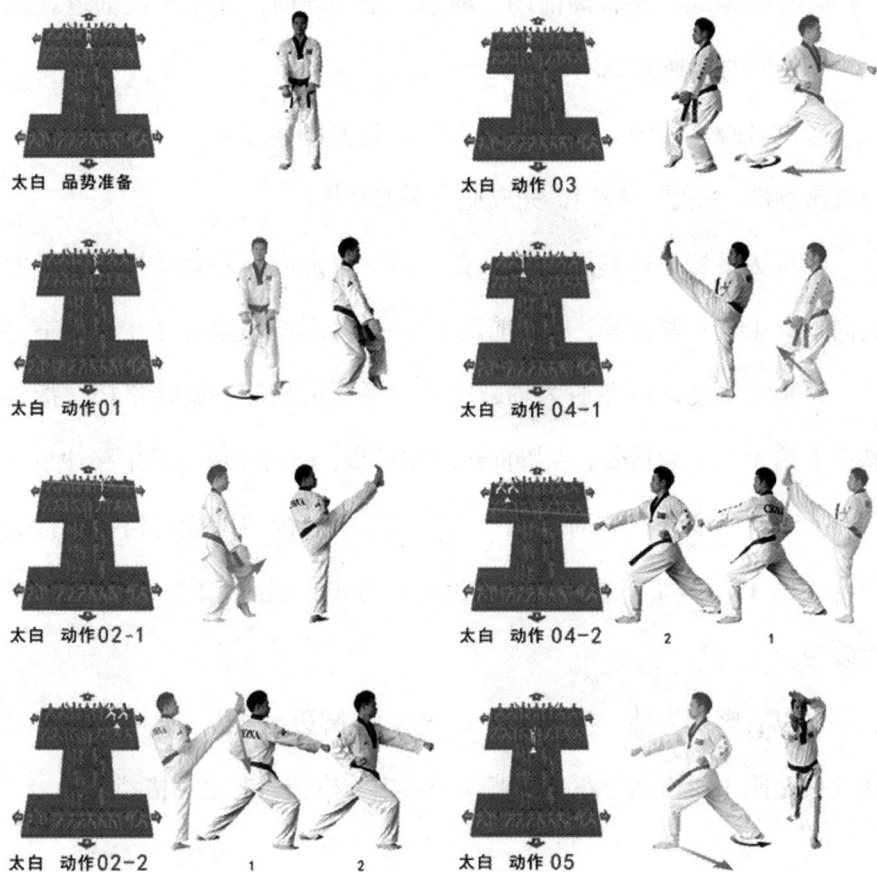

图5-43　太白1

1.右脚蹬地，带动身体左转，顺势完成左脚向左转90°成左虎步，

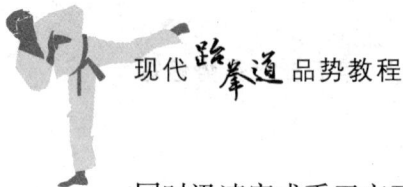

同时迅速完成手刀交叉下格挡。

2.左脚蹬地，右脚高前踢，两拳置于胸腹前，收小腿向前落地成右弓步，同时迅速完成右、左交替中路冲拳。

3.以左脚掌为轴，右脚向后移步，身体右转180°成右虎步，同时迅速完成手刀交叉下格挡。

4.右脚蹬地，左脚高前踢，两拳置于胸腹前，收小腿向前落地成左弓步，同时迅速完成左、右交替中路冲拳。

5.以右脚掌为轴，身体左转90°，迈左脚成左弓步，顺势右手手刀攻击颈部，左掌上格挡，完成燕子手刀动作。

6.步法不变，以右肘为轴，右手刀平缓由内向外旋转格挡，指尖斜向下约45°；紧接着，右脚前迈成右弓步，同时完成左手中路冲拳。

7.步法不变，以左肘为轴，左手刀平缓由内向外旋转格挡，指尖斜向下约45°；紧接着，左脚前迈成左弓步，同时完成右手中路冲拳。

8.步法不变，以右肘为轴，右手刀平缓由内向外旋转格挡，指尖斜向下约45°；紧接着，右脚前迈成右弓步，同时完成左手中路冲拳并发声。

9.以右脚掌为轴，身体左转270°，左脚迈出成左三七步，同时迅速完成金刚中段格挡（左手拳背朝外，中外格挡；右手上格挡）。

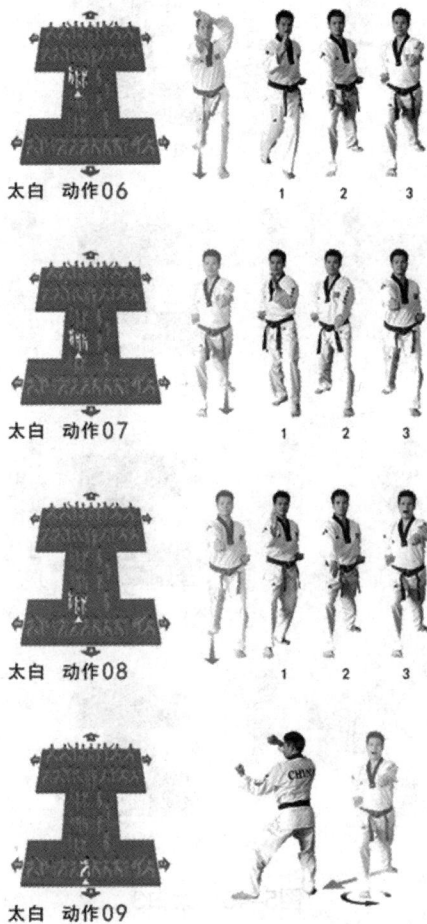

太白　动作06　　　1　2　3

太白　动作07　　　1　2　3

太白　动作08　　　1　2　3

太白　动作09

图5-44　太白2

10. 步法不变，右手勾拳击出，左手立拳置于右肩。

11. 步法不变，左拳侧击，右手拳心向上收于同侧腰间。

12. 提左脚成右鹤立步，同时收左拳于右髋，两拳心相对。

13. 左脚侧踢，并左手向上侧击；左脚顺势落地成左弓步，同时完

成掌肘对击。

太白 动作10

太白 动作14

太白 动作11

太白 动作15

太白 动作12

太白 动作16

太白 动作13

太白 动作17

图5-45 太白3

14. 收左脚成并步，两拳心相对置于左侧腰间，右脚迈出成右三七步，同时迅速完成金刚中段格挡（右手拳背朝外，中外格挡；左手上格挡）。

15. 步法不变，左手勾拳击出，右手立拳置于左肩。

16. 步法不变，右拳侧击，左手拳心向上收于同侧腰间。

17. 提右脚成左鹤立步，同时收右拳于左髋，两拳心相对。

18.右脚侧踢，并右手向上侧击；右脚顺势落地成右弓步，同时完成掌肘对击。

19.收右脚至左脚处时，身体左转90°，左脚迈出成左三七步，同时迅速转腰发力完成手刀中格挡。

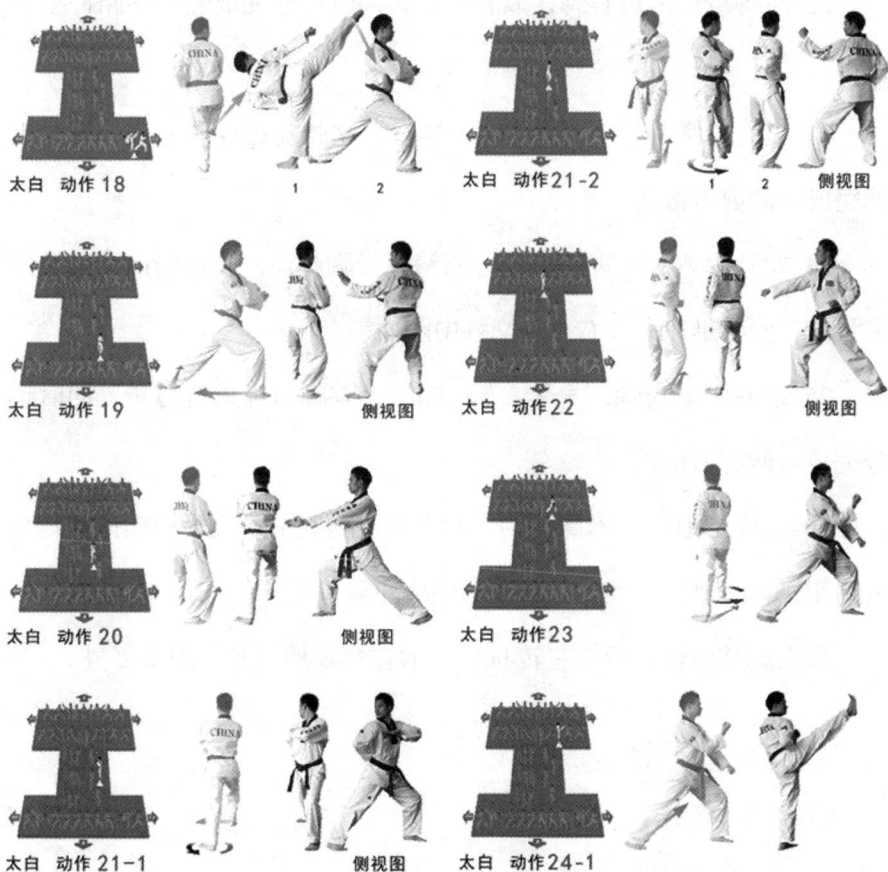

图5-46　太白4

20.左脚蹬地，右脚向前，成右弓步，顺势迅速完成右手贯指刺击攻击中段目标。

21. 以右脚掌为轴，左脚左移，视线不变，身体左转成左弓步，同时完成右掌内旋解脱（右掌背贴后腰，左平掌置于胸口处）；以右脚掌为轴，身体左转180°，迈左脚成左三七步，同时迅速完成左手背拳侧击。

22. 左脚蹬地，迈右脚，成右弓步，同时迅速完成右手中路冲拳并发声。

23. 以右脚掌为轴，身体左转270°，左脚前迈成左弓步，同时迅速完成左侧剪刀格挡。

24. 左脚蹬地，右脚高前踢，两拳置于胸腹前，收小腿向前落地成右弓步，同时迅速完成右、左交替中路冲拳。

25. 以左脚掌为轴，身体右转180°，右脚前迈成右弓步，同时迅速完成右侧剪刀格挡。

26. 右脚蹬地，左脚高前踢，两拳置于胸腹前，收小腿向前落地成左弓步，同时迅速完成左、右交替中路冲拳。

以右脚掌为轴，身体左转90°，收左脚还原至基本准备姿势。

太白　动作 24-2　　1　　2

太白　动作 25

太白　动作 26-1

太白　动作 26-2　　2　　1　　太白　返回原点

图5-47　太白5

第六章

功能性训练器材介绍

近些年来，功能性训练方法在国内广为传播，其中的训练器材也得以与大家见面并被熟识。如果在跆拳道品势的训练中，引入一些器械，在丰富训练方法、提高趣味性的同时，其效果亦可能有较明显的提升。

下面将简单介绍 6 种功能训练器材。

一、瑞士球

瑞士球是内部可充气的圆球，多由柔软的 PVC（即聚氯乙烯）材料制成。最初它是作为一种康复医疗设备，用来帮助那些运动神经受损的人恢复平衡和运动能力。瑞士球练习可以创造非稳定的环境，在促进肌肉功能恢复和发展关节稳定性方面有着重要的作用。

跆拳道品势训练中，可用瑞士球练习"跪球平衡"动作，亦即身体直立、双脚跪于球上保持平衡，能够较好地让学员体会并巩固保持上体中正位的本体感觉。

二、平衡板

平衡板是底部为圆形的非稳定平板器材。练习时，它能够产生动

态的不稳定状态,给予练习者自身动作的反馈,促使练习者予以动态反应。

正是由于平衡板固有的特点,在建立了基础的平衡类动作模式之后,学员可以利用平衡板进行品势相关动作的强化训练,比如金刚品势的鹤立步等,亦可作为一般平衡能力的训练器材。

三、药球

标准的药球是直径约为 35cm 的实心球,重量约为 2~3 千克。药球是建构上肢爆发力最有用的工具之一,它可以让练习者增加基础功能动作和运动专项动作的爆发力。

例如马步冲拳训练时,可辅以药球胸前推的练习进行强化:马步站立,双手持球于胸前,然后快速完全伸展手臂,将球推出。

四、弹力带

弹力带是由橡胶制成的弹性胶带或胶管。弹力带阻力来源于弹力带拉长的程度而非地球引力,使得训练时更自由,能模仿各种动作进行,适应任何姿态、任何平面,功能性较强。

利用弹力带的优势,品势中的各种手部动作都可以结合弹力带进行强化练习,而且不破坏动作的动力链衔接,效果明显。

五、飞力士棒

飞力士棒是两头附有重物的金属弹性振动杆。在飞力棒的练习过程中，深层的躯干肌肉、所有腹肌以及所有的肩部肌肉，包括结缔组织，直至最深层都会同时得到强化。

运用飞力士棒进行基础动作训练，可以有效提高品势动作的稳定性，而且其刺激深层肌肉的功效，能够提高品势手臂动作的爆发力，提高表现力。

六、泡沫轴

泡沫轴是一种外形为圆柱体的按摩器材。泡沫轴放松是利用身体自我抑制原理来放松紧张肌肉的，通过泡沫轴及练习者自身体重在肌肉上产生一定压力，使肌肉张力增加从而激活肌腱结合部的机械性感受器——高尔基腱器官，高尔基腱器官受到刺激时会引起肌肉反射性放松。同时，高尔基腱器官的活跃会抑制位于肌肉纤维内的肌肉长度变化感受器——肌梭，从而降低肌肉以及肌腱张力，最终放松肌肉，恢复肌肉功能性长度及提高肌肉功能性。

图书在版编目（CIP）数据

现代跆拳道品势教程 / 钟宏，窦正毅主编 . — 北京：
现代教育出版社，2019.1

ISBN 978-7-5106-6974-3

Ⅰ.①现… Ⅱ.①钟… ②窦… Ⅲ.①跆拳道—教材

Ⅳ.① G886.9

中国版本图书馆 CIP 数据核字（2019）第 004158 号

现代跆拳道品势教程

策　　划	庞　强
主　　编	钟　宏　窦正毅
责任编辑	刘小华
封面设计	贝壳学术

出版发行	现代教育出版社
地　　址	北京市朝阳区安华里 504 号 E 座
邮　　编	100011
电　　话	010-64246373（编辑部）　010-64256130（发行部）

印　　刷	天津雅泽印刷有限公司
开　　本	710mm×1000mm　1/16
印　　张	10
字　　数	125 千字
版　　次	2019 年 4 月第 1 版
印　　次	2019 年 4 月第 1 次印刷
书　　号	ISBN 978-7-5106-6974-3
定　　价	40.00 元